인간
노무현의 27원칙
자신과 주변의 삶을 긍정적으로 바꾸는 사람사는 세상 만들기

인간
노무현의 27원칙

자신과 주변의 삶을 긍정적으로 바꾸는 사람사는 세상 만들기

| 정의석 지음 |

씽크북

프롤로그

지금 내가 할 수 있는 일이 무엇인가

2006년도에 독일에서 개봉한 '타인의 삶(Das Leben der Andern)'이라는 영화가 있습니다. 특수 요원으로 근무하는 비즐러와 극작가인 게오르그 드라이만의 사이에서 벌어지는 일이 주된 내용이죠. 영화는 사람들의 공감을 불러일으키며 큰 성공을 거두었습니다. 타인의 삶은 2006년 당해 독일 영화상에서 11개 부문에 걸쳐 수상 후보에 올랐고 이 중 최우수 영화, 감독, 각본, 배우, 조연상 등 7개 부문에 걸쳐 수상하는 대기록을 세웠습니다. 그렇다면 영화는 무슨 내용을 품고 있을까요?

동독정부의 비밀경찰조직인 슈타지에서 대위로 근무하고 있던 비즐러는 상부의 명령에 따라 극작가 드라이만을 감시합니다. 처음 그를 감시할 때만 하더라도 비즐러는 드라이만을 감시하는 상부의 목적이 있을 것이라 생각하고 일에 몰두하지만 정작 상관의 목적은 드라이만의 아름

다운 애인이었던 크리스타를 자신의 소유로 만드는 것이었습니다. 이 사실을 안 비즐러는 자신의 일에 대한 정당성에 의문을 품게 됩니다. 이 시점부터 비즐러는 상부보다는 자신의 판단에 의거해서 일을 하기 시작합니다. 물론 상부와 마찰이 생겼음은 당연한 일입니다. 저는 여러분들이 만약 이 영화를 보게 된다면 주인공인 비즐러의 심리변화에 주목할 것을 권합니다. 실제 우리 삶에 적용할 수 있는 부분이 많기 때문입니다.

이처럼 사람은 기본적으로 주변에서 일어나는 사건과 과거의 경험을 학습하며 자신을 변화시킵니다. 타인의 삶에서 주인공을 맡았던 비즐러가 드라이만을 통해 변했던 것처럼 우리 역시 알게 모르게 조금씩 변화하게 되죠. 변화하게 되는 계기는 우리가 보고 듣는 것 모두입니다. 비록 우리가 세상의 모든 것을 통해 배울 수 있는 존재라 하더라도, 저는 기왕이면 우리가 좋은 사례를 통해 인생의 진리를 알아나갔으면 합니다. 존경할만한 지도자라면 그 효과가 더 클 것입니다.

그렇다면 한국에서 가장 있기 있는 지도자는 누구일까요? 한국갤럽이 2014년 10월 한 달 동안 전국 13세 이상 남녀 1700명을 대상으로 실시한 조사에서 1위에 오른 인물은 32%의 지지를 받은 노무현 대통령 이었습니다. 2위는 28%의 지지를 얻은 박정희 대통령, 이어 김대중 대통령이 16%의 득표로 3위를 차지했습니다.

노무현 대통령이 1위를 차지한 이유는 무엇일까요? 사람마다 이유가 다르겠지만 저는 그 이유를 '그를 통해 뭔가를 기대하는 사람들의 열망'에 있다고 생각합니다. 이미 세상을 떠난 인물인데도 사람들이 이렇게 그리워하는 사실로 미루어 볼 때 우리는 그의 인생에서 무언가 배울 점이 있다는 사실을 조심스레 유추해볼 수 있습니다.

제목을 통해 이미 예상하셨겠지만 이 책에는 노무현 대통령의 인생과 관련된 27가지의 인생원칙이 수록되어 있습니다. 저는 여러분들과 함께 이 원칙을 통해 무엇을 배울 수 있는지 그리고 이를 우리의 삶에 어떻게 적용할 수 있을지 알아보려 합니다. 단순히 노무현 대통령의 사례를 소개하는 것에 집중하기보다는 해당 원칙과 연관된 여러 사례(인문고전 & 역사적 사건)를 함께 수록하며 이를 다양한 시각으로 살펴볼 수 있도록 노력하였습니다. 생각의 관점을 넓히는 데 도움이 될 것이라 생각합니다.

저는 이 글을 읽는 여러분들이 자신의 역사를 다시 한 번 뒤돌아 볼 수 있었으면 합니다. 지금 내가 할 수 있는 일이 무엇인지 확인하고 이 책을 통해 배운 내용을 적용하여 더 나은 삶을 창출해 낼 수 있다면 저로서는 더할 나위 없이 기쁠 것입니다. 살면서 다른 사람의 인생을 긍정적으로 바꾸는 일은 큰 의미가 있습니다. 세상을 바꾸기 위해 많이 고심하고 노력했던 노무현 대통령의 이야기를 통해 자신과 주변의 삶을 긍정적으로 바꾸는데 이 책이 도움이 되었으면 합니다.

프롤로그 • 05

제1장 배움의 길은 어디에 있을까?

제1원칙 공부는 균형이다
공부, 세상을 바꾸는 힘 • 17
가난한 고시생은 어떻게 시험에 합격했을까? • 18
인내가 강인한 리더를 만든다 • 22
공부는 균형이다 • 24

제2원칙 배움의 장소를 가리지 마라
개천에서 용이 날 수 있을까? • 27
온전히 나를 지키는 일 • 28
빈민가에서 시작된 작은 변화 • 31
교육환경을 뛰어넘는 힘 • 34

제3원칙 과거의 소중한 가치를 헛되이 하지 마라
메모의 힘 • 38
과거는 어떻게 미래가 되는가 • 39
소중한 가치를 외면한 예술작품 • 43
지혜로운 무장이 되기 위한 길 • 46

제4원칙 주체적으로 판단하라
생각하지 않는 사람들 • 50
어떤 선택을 해야 하는가? • 51
나는 생각한다? • 54
주체적으로 판단하라 • 57

제5원칙 비판적으로 사고하라

질문을 좋아하지 않는 사람들 • 61
비판적 사고는 어떻게 작용하는가? • 63
논리학, 탐구의 이론 • 66
능동적 삶을 결정하는 키워드, 질문! • 68

제6원칙 남들과 다른 생각을 하라

남들과 다르면 천재? • 71
세상을 사랑하는 천재 • 72
올바른 학습키워드, 관찰과 분석 • 74
남들과 다른 생각을 어떻게 활용해야 하는가? • 77

제2장 뿌리 깊은 나무는 어디에 있는가

제7원칙 자유에는 책임이 따른다

고대와 현대의 자유 • 81
대통령은 욕먹기 위해 있다? • 82
노자가 이야기하는 자유의 의미 • 85
자유가 주어진 진정한 목적 • 88

제8원칙 오래된 관습을 타파하라

명품의 가치는 어떻게 결정되는가? • 91
눈 먼 돈은 없어져야 한다 • 92
자본주의가 만든 관습 • 95
날마다 새롭게 • 96

제9원칙 과오를 깨끗하게 인정하라

실수를 줄이는 것이 중요한가? • 99
국민의 뜻에 따르겠습니다 • 100
항아리가 깨진 이유는 무엇인가? • 102
과오를 깨끗하게 인정하라 • 104

제10원칙 확고한 신념으로 행동하라

의지 없이는 재능도 없다 • 108
부끄러운 줄 알아야지 • 109
대가 없는 도움은 없다 • 111
널리 인간을 이롭게 하라 • 114

제11원칙 자신만의 철학을 갖추어라

올바른 철학은 무엇일까? • 117
리더의 철학 • 118
국가는 철인이 통치해야 한다 • 122
자신만의 철학을 갖추어라 • 126

제12원칙 옳지 않은 것에 저항하라

약속과 사기는 다르다 • 129
청문회 스타, 초선의원 노무현 • 130
은둔에서 세상으로 • 132
옳지 않은 것에 저항하라 • 135

제13원칙 고고한 신념을 가져라

세상을 움직이는 힘, 신념 • 138
고고한 신념을 지켜라 • 139
외로운 싸움, 소크라테스의 변명 • 141
인간의 의지는 어떻게 표현되어야 하는가? • 144

제3장 믿음으로 만드는 관계

제14원칙 세상의 편견에 도전하라
첫인상은 편견인가? • 149
바보 노무현과 노사모 • 150
뿌리 깊은 네포티즘 • 152

제15원칙 이야기의 장을 마련하라
소통이 되지 않는 이유 • 161
민주주의 2.0, 약인가 독인가? • 162
왕이 듣는 목소리, 경연 • 165

제16원칙 사람들과의 공감대를 형성하라
이게 다 노무현 때문이다 • 169
일반의지와 전체의지 • 172

제17원칙 주변에 있는 사람들을 소홀히 하지 마라
인간관계, 약인가 독인가? • 178
당신은 대통령의 자격이 없습니다 • 179
이상적인 정치는 어떻게 해야 하는가? • 182

제18원칙 이해하는 바를 일치시켜라
이해는 서로 다른 방식으로 작용한다 • 188
이상적인 대화의 방향은 어떻게 흘러가야 하는가? • 189
인간은 충동의 덩어리다 • 192
일방적인 주장은 도움이 되지 않는다 • 194

제19원칙 사람을 얻는 핵심원리, 역지사지

우리는 다른 사람을 얼마나 알고 있는가? • 197
사람을 살리려면 어떻게 해야 하는가? • 198
미국의 민주주의 • 201

제20원칙 실수를 사랑하는 자세가 바람직하다

실수는 두려움인가? • 207
성공보다는 실패를 • 208
편지로 알려주는 실수담 • 211
잊어버릴 줄도 알아야 한다 • 213

제4장 사람은 무엇으로 사는가?

제21원칙 사람이 먼저다

사람은 곧 하늘이다 • 217
어떤 법이 정당한가? • 218
악법도 법이다? • 220
사람이 먼저다 • 222

제22원칙 지식은 무기다

세상을 지키는 힘, 지식 • 225
유리한 판을 짜는 힘 • 226
무기를 갈고 닦아라 • 229
무기를 활용하는 이상적인 방법 • 231

제23원칙 사람을 사랑하라

사람 그리고 사랑 • 235
환경이 사람을 만든다 • 236
백성이 먼저입니다 • 238
사람을 사랑하라 • 241

제24원칙 빠른 길보다는 바른 길을 선택하라

빠른 길과 바른 길 • 244
커미션은 못 드립니다 • 245
도적의 길 • 248
빠른 길보다는 바른 길을 선택하라 • 251

제25원칙 욕심은 사람을 병들게 한다

욕심을 부리는 방법 • 253
마음의 안식처, 봉하마을 • 254
행복의 조건은 무엇인가 • 256
욕심은 사람을 병들게 한다 • 258

제26원칙 양심의 소리에 귀를 기울여라

부끄럼 없는 세상 • 262
가난한 변호사가 먹고 사는 법 • 263
죽음에 이르는 병 • 265
거짓말 vs 양심 • 267

제27원칙 사명의식은 사람을 바꾼다

사명은 운명을 창조한다 • 271
약자들의 변호인, 노무현 대통령 • 272
농부의 영혼을 가진 사람 • 275
모두에게 도움이 되는 일을 하라 • 277

에필로그 • 280

제1장
배움의 길은 어디에 있을까?

제 1 장 배움의 길은 어디에 있을까?

제1원칙

공부는 균형이다

❖ 공부, 세상을 바꾸는 힘

이 글을 읽는 여러분들은 공부에 관해 어떤 생각을 갖고 계신가요? 어떤 이는 공부를 즐겁다고 생각하지만 다른 사람들은 지겹고 하기 싫은 일로 인식합니다. 이는 사람들마다 공부를 바라보는 철학이 다르기 때문입니다. 성공한 사람들 사이에서도 이런 차이는 두드러지게 나타납니다. 공자는 공부를 즐기는 사람을 당할 수 있는 자가 없다고 말했지만 철학자 아리스토텔레스는 고통 없이는 배움도 없다는 견해를 펼쳤습니다. 유명한 사람들임에도 불구하고 공부를 바라보는 시선은 정반대입니다.

이처럼 공부는 내가 인식하고 있는 기준에 따라 스트레스가 되기도 하고 즐거움이 되기도 합니다. 만약 우리가 익히고 배운 것을 활용하고 주변을 더 나은 곳으로 만들고자 하는 꿈이 있다면 공부를 바라보는 시선이 남다를 테지만 이런 사람들은 그리 많지 않습니다.

아무래도 사람들이 공부를 싫어하는 이유는 공부가 어렵고 힘들다는 선입견 때문일 것입니다. 학교의 영향도 무시할 수 없습니다. 힘든 시기를 거치고 공부를 하려는 마음을 다잡아도 어떻게 해야 할지 몰라 포기하는 사람들의 수도 상당합니다. 그렇기 때문에 공부를 통해 뛰어난 성과를 냈다는 사람들의 이야기는 너무 멀게만 느껴집니다. 나는 이룰 수 없을 것이라는 생각이 뿌리깊게 자리하고 있죠.

그러나 요즘은 기존에 배운 것만으로 평생을 살아가기가 어려운 시대입니다. 특히 높은 위치에 있는 지도자나 리더가 되려고 하는 사람들에게 배움은 필수 불가결한 것입니다. 끊임없이 공부하고 새로운 것을 익히며 자신과 자신이 속한 나라나 단체를 발전시키는데 온 힘을 기울여야 하기 때문입니다. 기존의 것만으로도 모든 일을 할 수 있을 것이라는 생각은 대단히 위험한 발상입니다. 오늘날 세상은 빠른 속도로 변하고 있습니다.

세상을 바꾸는 힘은 '공부하는 능력을 통해 시대를 읽고 자신이 해야 할 일을 자각하는 것'에서부터 시작합니다. 당연히 혼자보다는 많은 사람이 이런 마음을 가졌을 때 세상이 더 좋은 방향으로 바뀝니다. 아마 이 책의 주인공인 노무현 대통령 역시도 비슷한 생각을 했을 것입니다.

❖ 가난한 고시생은 어떻게 시험에 합격했을까?

그렇다면 그는 어떻게 공부했던 것일까요? 또한 최종학력이 고졸이었음에도 불구하고 사법고시에 합격할 수 있었던 비결은 무엇이었을까요? 이 과정을 기록한 자료가 있다면 우리는 그 비밀을 비교적 쉽게 알 수 있을 것입니다. 다행히도 우리는 그가 시험에 합격한 뒤 수험잡지인 "고시계" 75년 7월호에 기고한 "과정도 하나의 직업이었다"라는 수기를 통해 이 질문에 대한 답을 찾을 수 있습니다. 물론 사법고시가 세상의 모든 공부를 대체할 수 있는 것은 아닙니다. 그러나 자료를 통해 노무현 대통령이 어떤 마음으로 공부에 임했는지를 알아보고 이렇게 발견된 내용이 사람들에게 조금이라도 도움이 될 수 있다면 이 과정은 나름대로 의미가 있을 것입니다.

노무현 대통령은 수기에서 공부에 몰입하게 된 계기로 개인회사에 취직했지만 급료가 적고 시간을 많이 소요할 수밖에 없었던 시대적 상황을 언급했습니다. 누구나 마찬가지겠지만 일을 많이 하면서도 돈을 적게 가져간다면 그것만큼 슬픈 일은 없을 것입니다. 지금 인턴 및 비정규직이 사회적 문제가 되는 것처럼 그 당시에도 고용에 관한 불이익이 있었던 것이죠. 이런 경험은 이후 그가 노동운동에 몰입하도록 만든 여러 계기 중 하나가 되었습니다.

불합리했던 상황을 참지 못했던 그는 전 직장에서 받은 한 달 반의 급료 6천원으로 공부에 필요한 책을 사고 마을 건너편에 손수 마옥당(磨玉堂: 구슬을 가는 집)이라는 토담집을 지었습니다. 산을 돌아다니며 돌을 주워 나르고 나무와 흙으로 서까래를 세우며 볏짚으로 지붕을 올린 단출한 집이었죠. 비록 밤에는 짐승들의 울음소리가 들리고, 전기가 들어오지 않아 촛불을 켜야 했지만 공부를 할 수 있는 장소가 생겼다는 사실에 그는 기분이 좋았을 것입니다. 물론 좋은 일만 있었던 것은 아닙니다. 온전히 공부에만 집중하지 못하고 이후 무수한 고초를 겪었기 때문입니다. 이 부분은 다음 장에서 언급하도록 하겠습니다.

수기를 읽어보고 제가 판단한 노무현 대통령의 고시 합격 비결은 간단합니다. 기본에 충실하고 꾸준히 공부한 것이죠. 그런데 그의 공부비법을 이렇게 성의 없이 말씀드린다면 아마 이 글을 읽는 많은 분들이 제게 원망의 눈초리를 보낼 것입니다. 하지만 이는 엄연한 사실입니다. 그러나 그 과정을 자세히 들여다보면 일반인들과는 다른 점이 많이 있습니다. 우리가 집중해야 할 것은 바로 이 부분입니다. 그렇다면 노무현 대통령의 어떤 점이 우리와 달랐던 것일까요?

제가 수기에서 가장 중요하게 생각했던 부분은 공부에 대한 마음가짐이었습니다. 많은 사람들이 알고 있었던 것처럼 노무현 대통령의 가정형편은 그리 넉넉하지 못했습니다. 마옥당을 짓고서도 생활비가 없어 공사현장을 전전해야 했기에 공부에 온전히 몰입하기도 어려웠죠. 공부를 하면서 아내를 만나고 아이까지 낳았기 때문에 생활형편은 더 어려워졌습니다. 이런 환경이라면 당연히 물질적인 성공을 꿈으로 삼을 수밖에 없습니다. 사랑하는 아내와 아이가 돈이 없어 먹을 것을 사지 못하는 가장이라면 이런 마음을 떨쳐버릴 수 없죠. 노무현 대통령도 처음에는 마찬가지였습니다.

이런 환경에서 나름대로의 사명감을 갖고 공부를 하던 노무현 대통령의 가치관을 뒤흔든 사건은 바로 큰 형님의 죽음이었습니다. 이른 나이에 교통사고로 세상을 떠났던 것이죠. 사랑하는 형님을 하늘로 보내면서 그는 삶과 죽음을 진지하게 생각하고 고시와 출세에 대한 관념을 새롭게 정리해나갔습니다. 그는 이 시기를 다음과 같이 묘사하고 있습니다.

"학교 성적이 우수했다는 사실이 반드시 고시를 해야 할 필연적 이유로 되는 것도 아니라는 것을 깨닫게도 되었고, 법을 공부하면서 차츰 정의의 이념을 배워 가는 동안 '고시=권력=출세'라는 과거에 내가 생각했던 등식이 우스운 것임을 느끼게 될 무렵 형님의 뜻 아닌 타계는 예시

과목의 철학 개론을 공부하면서부터 어렴풋하게나마 생각해 오던 삶의 의미를 보다 깊이 생각하게 하는 계기가 되었고, 맹목적 출세주의와 '그 수단으로서의 고시'라는 과거의 생각에 결정적인 쐐기를 박았다"

노무현 대통령은 '요행을 바라지 않고 좋은 경험을 누적시키는 일이 무엇보다도 중요하다'는 사실을 강조합니다. 죽기 살기로 공부를 하는 일도 중요하지만 단순히 출세의 수단으로 생각하기보다는 내가 감당해야 할 일상으로 생각하고 하루하루 자신이 가야 할 길을 묵묵히 걸었던 것이죠. 사람들은 목적을 달성하기 위한 빠른 길을 찾지만 실제로 그 길은 시간이 지나면 어떤 방식으로든 문제가 됩니다. 가장 이상적인 것은 순리를 따라 적절한 속도로 일을 진행하는 것입니다. 벼락치기로 빠르게 지식을 쌓을 수 있을지는 몰라도, 세상을 살아가는 지혜는 얻을 수 없습니다. 스스로 생각하며 진리를 깨닫는 데는 시간이 필요합니다. 그 누군가가 알려준다고 쉽게 되는 것이 아니죠.

저는 이 글을 읽는 여러분들이 앞서 소개한 사례를 통해 공부를 다시 한 번 생각하는 기회를 가졌으면 합니다. 지금까지 내가 어떻게 공부했는지 그리고 이를 세상에서 어떻게 활용했는지 떠올려 봅시다. 그리고 이를 노무현 대통령의 경험과 비교한다면 아마 많은 것을 깨달을 수 있을 것입니다.

❖ 인내가 강인한 리더를 만든다

우리가 공부의 목적과 방법을 알지 못하고 헤매고 있는 지금, 지구의 반대편에는 노무현 대통령이 주장한 가치를 잘 실천하고 있는 곳이 있습니다. 인도의 마요칼리지(Mayo College)입니다. 마요칼리지는 인내가 강인한 인재를 만든다는 원칙 아래 학생들을 철저하게 교육하여 세계적인 리더와 CEO로 길러내는 교육기관입니다. 지금은 공립학교지만 설립 초기에는 왕족이나 고위 귀족들만 올 수 있었던 명망 있는 곳이죠. 그 당시에는 입학식을 하면 코끼리를 타고 오는 부유층의 자제를 매우 쉽게 볼 수 있었다고 합니다.

인내를 강조하는 곳답게 학교의 수업은 매우 철저하고 체계적으로 진행됩니다. 5시 30분에 기상하여 1시간 가량 체력훈련을 실시합니다. 팔굽혀펴기, 달리기를 포함한 기초체력을 함양하는 것이죠. 38도의 무더운 날씨에도 구식 선풍기에만 의지한 채 수업을 하고, 핸드폰을 일절 사용할 수 없기에 가족과 연락을 하려면 학교에 몇 대 없는 유선전화를 사용해야만 합니다. 자신의 생각을 다른 사람들에게 말할 수 있도록 일주일에 한 번씩 토론 수업을 개최하는 것도 이 학교가 지닌 장점입니다.

마요칼리지가 학생들에게 이런 환경을 의도적으로 제공하는 이유는 따로 있습니다. 교사들은 학생들이 '힘들게 살아가는 사람이 많다는 것'을 깨닫고 이들을 변화시킬 수 있는 육체적, 정신적 능력을 갖춘 리더가 되길 원합니다. 그들이 식사 전 다 함께 하는 산스크리트어 기도인 '옴 타샷 부라마 파라마수트'는 이를 잘 보여주는 대표적인 사례입니다. 이 기도문의 뜻은 '이 세상 모든 사람들이 음식을 먹을 수 있도록 해주십시오'입니다. 마요칼리지를 졸업한 푸라니트는 이런 교육 방식에 대해 다음과 같이 이야기하고 있습니다.

"처음엔 불편했습니다. 하지만 그것이 마요칼리지가 저를 가르치는 방법입니다. 저희는 에어컨 없이 선풍기만 돌아가는 열악한 환경에서 지내는 것을 배웁니다. 우리가 모르는 세상을 더 잘 이해하기 위해서입니다"

마요칼리지가 명문으로 인정받는 이유는 이 곳이 학생들에게 강인한 정신을 기르도록 도와주고 기초 학습력을 향상시키며, 궁극적으로 사람을 먼저 생각하는 일의 중요성을 지도하기 때문입니다. 이 모든 가치를 일상생활을 하면서 자연스럽게 습득할 수 있도록 시스템을 설계했다는 것 역시 마요칼리지의 장점입니다.

마요칼리지와 노무현 대통령은 모두 공부를 일상생활 속에 자연스럽게 녹여 내기 위해 많은 노력을 기울였습니다. 공부는 도박처럼 한 순간에 결과가 나오는 것이 아닙니다. 오히려 등산에 비유할 수 있죠. 한 걸음씩 위로 올라가며 정상에 오른 뒤 새로운 목표를 세우는 산악인들처럼 우리 역시 공부를 하며 목표를 달성하고 새로운 목표를 수립하는 과정을 반복합니다. 이 과정을 잘 수행하려면 목표를 세운 사람이 일관성 있게 움직여야 합니다. 균형 잡힌 삶을 살지 않고서는 불가능한 일입니다. 지금 잠시 책을 놓고 생각해봅시다. 여러분들은 지금 얼마나 균형 잡힌 삶을 살고 있나요?

❖ 공부는 균형이다

앞의 사례를 통해 우리가 알 수 있는 사실은 공부를 잘하기 위한 지름길은 없다는 것입니다. 공부를 즐기는 사람은 이를 특별한 일이라고 생각하지 않고 일상생활의 습관을 통해 배움을 자연스럽게 적용시킵니다. 공부를 단순히 책을 읽는 것에 한정 짓지 않고 나를 발전시키는데 필요한 모든 조건을 공부라고 인식하는 것이죠. 이런 사람들에게는 지나가는 사물조차도 그 의미가 간단하지 않습니다. 핸드폰을 보면서 사르트르가 "존재와 무"에서 주장한 즉자와 대자를 떠올릴 수도 있고, 조선왕조를 다룬 드라마를 보면서 그 시대의 역사와 현실을 비교할 수도 있습니다. 이런 점으로 미루어 볼 때 공부를 통해 성과를 내는 사람은 모두 끊임없이 생각하며 자신의 지식을 확장시킨다는 특징이 있습니다. 사소한 것도 놓치지 않죠. 2007년에 노벨 문학상을 수상한 도리스 레싱은 이를 다음과 같은 말로 표현합니다.

"이제까지 이해해왔던 사물이나 현상을 전혀 다른 방식으로 이해하는 것, 이것이 배움입니다."

공부를 하기 위해 가장 중요한 것은 내 생활에서 균형을 찾는 일입니다. 그래야만 세상에 있는 현상을 다르게 바라보는 창의력이 생기기 때문입니다. 우리는 '필요 없는 것을 정리하며 자신에게 중요한 일에 집중하고, 지금보다 더 나은 사람이 되기 위해 노력하는 일'을 공부의 본질로 삼아야 합니다. 공부를 일상의 일부로 생각하고, 의식하지 않은 채로 끊임없이 꿈을 향해 전진하는 자세야말로 우리가 노무현 대통령을 통해 배울 수 있는 소중한 가치입니다.

　자신의 이름을 건 토크쇼로 전세계에서 유명세를 떨치고 있는 오프라 윈프리는 "저는 제게 있는 능력을 향상시키기 위해 끊임없이 노력합니다. 매 순간을 통해 생기는 갈등과 경험을 해결하고 그것을 통해 새로운 것을 배우죠. 삶에서 쓸모 없는 경험이란 존재하지 않습니다"라는 말을 남겼습니다. 매 순간에 생기는 갈등을 해결하는 일은 '균형을 찾아 나가는 과정' 입니다. 다른 사람들과 관계를 맺으며 자신의 정체성을 지킬 수 있도록 도와주는 것 역시 공부가 우리에게 주는 유익한 점입니다.

　'A sound mind in a sound body' 라는 영어속담이 있습니다. 건강한 몸에 건전한 정신이 깃든다는 말입니다. 지금 여러분들의 마음속에 있는 가치는 무엇인가요? 공부를 삶의 일부로 여기도록 다른 사람들과 협력하고 끊임없이 자신을 갈고 닦는 마요칼리지의 학생들이나 공부를 일상 속 사명이라 생각하고 몰입했던 노무현 대통령을 생각해보시기 바랍니다. 이들의 공통점은 자신이 생각하는 바를 이루기 위해 일상 속에서 끊임없이 공부하고 노력했다는 것입니다. 우리라고 못할 이유는 전혀 없습니다. 그러기 위해서는 먼저 내 삶에서 균형을 찾아야 합니다. 그래야만 올바른 마음으로 지식을 쌓을 수 있기 때문입니다.

제 1 장 배움의 길은 어디에 있을까?

제2원칙

배움의 장소를 가리지 마라

❖ 개천에서 용이 날 수 있을까?

한국의 학부모들에게 자녀 교육은 항상 해결하기 어려운 문제입니다. 인터넷 강의가 유행하기 전에는 방학 때만 되면 서울로 단기 유학을 보내는 학부모님들이 참 많았습니다. 실제로 좋은 교육을 받으려면 특목고에 가야 한다고 생각하는 학부모들이 입학 전까지 자녀에게 들이는 노력과 비용은 상상을 초월합니다.

특히 경제적인 여유가 있는 학부모님들은 아예 자녀를 외국의 좋은 학교로 보내버립니다. 그곳에서 좋은 친구들과 어울리며 인맥도 만들고, 지식도 향상시키라는 이유에서입니다. 잘 적응한 뒤 돌아와서 충분히 자신의 역할을 감당하는 사람들도 있지만 그렇지 않은 사람들의 수도 상당히 많죠.

사실 교육에 있어서 환경적인 요인을 완전히 배제할 수는 없습니다. 부모님의 지원을 받고 대학을 다니는 학생과 학자금 대출이 있는 학생을 상상해보면 이 사실을 아주 쉽게 알 수 있습니다. 이렇게 공부하고 처음으로 갖는 직장 역시 아이들의 인생에 큰 영향을 미칩니다. 학생들은 어느 직장에 가느냐에 따라 인생을 그리는 로드맵이 달라져야 한다는 사실을 깨달아야 합니다. 활용할 수 있는 부분이 다르니 이는 어찌 보면 당연한 일입니다.

그런데 재미있는 것은 이처럼 사람들이 말하는 좋은 길을 갔는데도 불구하고 이들의 기준에 부합하는 성공을 거둔 사람의 수가 그다지 많지 않다는 사실입니다. 어떤 것이 문제일까요? 저는 이 상황에서 가장 중요한 요소로 사람을 들고 싶습니다. 좋은 사람에게서도, 나쁜 사람에게서도 배울 점이 있죠. 이는 전적으로 배우는 이의 자세에 달려있습니다. 장소나 환경은 이 상황에서 그다지 중요한 요소가 아닙니다.

만약 배움에 환경이 중요하다면 '개천에서 용난다' 는 말은 없어져야 합니다. 최근 들어 사람들이 노력만으로 성공할 수 없다는 주장에 힘이 실리고 있긴 하지만 아직까지 저는 이 말을 믿고 있습니다. 사람들이 생각하는 용과 제가 생각하는 용이 다르기 때문입니다. 좋은 대학교나 직장을 용이라고 생각하는 사람들에게는 '개천에서 용난다' 는 말이 그리 큰 힘을 발휘하지 못하지만 성공은 이 두 가지 조건만으로 한정 지을 수 있는 간단한 개념이 아닙니다.

공부를 할 때 있어 환경을 이길 수 있는 가장 큰 힘은 신념과 이를 이루고자 하는 실행력입니다. 사람에게 신념을 불어넣어주는 것도 교육의 힘이죠. 이런 교육을 통해 자신만의 신념을 가진 이들에게는 그 사람이 생각한 성공이 자연스럽게 다가오게 마련입니다. 끊임없이 자신을 훈련시키는 자세가 필요한 이유입니다.

❖ 온전히 나를 지키는 일

노무현 대통령이 고시시험을 준비하던 시절에 막노동을 하며 생계를 유지했다는 사실은 이미 많은 사람들에게 잘 알려져 있습니다. 경제 개발 5개년 계획으로 인한 건설 경기활성화로 생긴 각종 일자리를 통해 높은 소득을 올리는 사람들이 생기면서 노무현 대통령 역시도 이 대열에 합류했던 것이죠. 그 당시 사람들의 이목이 집중되었던 도시는 울산이었습니다.

우여곡절 끝에 울산에 도착한 노무현 대통령은 일자리를 구한 뒤 열심히 노력했지만 자리가 많지 않았기에 하루 일하고 이틀 동안 쉬는 일상을 반복해야 했습니다. 당연히 생활은 어려워졌고 이 때문에 그는 마을의 서생이 소유했던 밭에서 서리를 해야만 주린 배를 채울 수 있었습니다. 설상가상으로 발이 건축자재에 찔려 일마저 할 수 없는 상황이 찾아왔습니다. 그래서 그는 밀린 밥값을 갚지도 못하고 도망치듯 울산을 빠져 나와야 했습니다.

생계를 유지하기 위해 나무를 훔쳤다는 기록도 있습니다. 작은 형과 함께 김해 농업시험장에서 감나무 묘목을 훔친 것이죠. 그런데 여기서 재미있는 사실이 하나 있습니다. 만약 그가 감나무 묘목을 훔치지 않았다면 변호사가 되지 못했을 것이기 때문입니다. 공교롭게도 묘목을 훔칠 때 사용했던 신문지에 '사법 및 행정 요원 예비시험' 공고가 붙어있었던 것입니다. 물론 묘목을 훔친 일은 변명의 여지가 없는 잘못된 행위입니다. 하지만 이 사건 때문에 그가 법조인이 되고 정치에 발을 붙일 수 있었다는 점에서 세상은 참 아이러니하다는 생각이 듭니다.

예비시험을 마치고 합격자 발표를 기다리는 동안 노무현 대통령은 다시 울산을 찾아갑니다. 이전과는 달리 일이 많아 쉬지 않고 열심히 노력할 수 있었기에 마음도 가벼웠을 것입니다. 밀린 밥값도 다 갚고 심지어 돈을 모을 수도 있었기 때문입니다.

그런데 호사다마(好事多魔)라고 했던가요? 얼마 지나지 않아 노무현 대통령은 작업 중 목재에 얼굴을 얻어맞아 이가 부러지고 입술을 꿰매야 하는 중상을 입습니다. 예비시험의 합격소식도 병원에서 듣게 되죠. 이 때 그는 어떤 기분이었을까요? 거지꼴을 하고 병원 침대에 누운 채로 친구의 손에 들린 합격자 발표 신문을 보며 많은 것을 느꼈을 것입니다. 노동 현장에서 겪었던 힘든 일 역시도 기억의 한 켠에 자리 잡고 있었을 것입니다. 경험이 있는 분들은 아시겠지만 노동 현장의 일은 만만치 않습니다. 일을 힘들게 하는 다양한 요인들이 주변에 산재해 있죠.

특히 노무현 대통령은 이 때 막노동이 힘들었던 이유 중 하나로 합숙소에서의 텃세를 들었습니다. 먼저 일을 시작했던 사람들이 감옥에서 서열을 매기는 것처럼 새로 들어온 친구들을 괴롭혔던 것이죠. 그는 당시의 상황을 다음과 같이 기억하고 있습니다.

"처음 함바(합숙소)에 딱 들어가면 마치 감방에서와 같이 텃세의 시험을 거쳐야 한다. 먼저 온 고참이나 힘깨나 쓴다는 친구들이 공연히 시비를 걸어온다. 자기 자리로 오라고 하고선 몇 살이냐 뭐하다 왔느냐 등의 질문으로 불편하게 해 놓고선, 그런 기색이 보이면 아니꼬우냐로부터 시작해 시비를 거는 것이다…… (중략) 모여 앉아 궁리하는 거라고는 어떻게 하면 공사장의 모터나 철근, 자재 같은 걸 빼내 나가 팔아먹을까

하는 것들이다"

범인이라면 이와 같은 환경에서 자신의 소신을 지켜나가기가 쉽지 않았을 것입니다. 사법고시에 붙은 것도 어찌 보면 대단한 일이죠. 이 사례를 관통하는 기본원리는 바로 '자신을 지키는 능력' 입니다. 자신의 정체성을 지켜나가기 위해서 필요한 것은 '무언가를 이루고자 하는 간절한 열망' 그리고 '과거의 지식과 경험을 바탕으로 세상을 판단하는 힘', 이렇게 두 가지 입니다. 그렇지 않으면 다른 사람들의 의견에 꼭두각시처럼 움직일 수 밖에 없습니다. 만일 우리가 이 두 가지 조건을 만족한다면 무언가를 배울 때 환경의 영향을 적게 받을 것입니다. 스스로 필요한 것을 만들어 낼 수 있을 테니까요. 모든 것이 풍족한 오늘날 우리가 눈여겨보아야 할 부분입니다.

❖ 빈민가에서 시작된 작은 변화

배움에 있어 장소가 그리 중요하지 않다는 것을 보여주는 예시는 미국에도 있습니다. 1995년부터 미국 언론인인 얼 쇼리스가 노숙자, 빈민, 마약중독자, 죄수 등을 대상으로 진행한 클레멘트 코스가 바로 그 사례입니다. 클레멘트 코스의 주요 과목은 철학과 시, 미술사, 논리학, 역사 등을 포함한 인문학입니다. 이 과정은 한국에서 '희망의 인문학' 이라는 책으로 소개되기도 했습니다. 그렇다면 이들은 어떤 방식으로 인문학을 공부하는 것일까요?

예를 들면 클레멘트 코스의 학생들은 소포클레스의 '안티고네' 를 소크라테스의 산파술을 통해 배우며, 토론을 통해 서로의 의견을 공유합니다. 소크라테스와 아리스토텔레스의 이론, 반 고흐의 작품 등을 배우면서 스스로를 표현하는 방법을 깨우치고, 반성하면서 자율적으로 행동할 수 있는 능력을 갖게 되는 것이죠.

그러나 그들이 처음부터 수업에 열정적으로 참여했던 것은 아닙니다. 앞서 말씀드렸다시피 교육과정에 참가했던 사람들은 대부분 노숙자나 빈민이었습니다. 이들의 마음속에 자리잡고 있었던 가치는 뿌리 깊은 패배의식이었습니다. 이들의 모습은 공사현장을 전전하며 인생에 대해 많은 생각을 했던 노무현 대통령의 모습과 일정부분 닮았습니다. 그러나 과정을 마치고 난 뒤 이들의 모습은 180도 달라졌습니다. 이전과는 전혀 다른 모습으로 새롭게 태어난 것이죠.

클레멘트 코스를 수료한 사람들의 인생은 대부분 극적으로 바뀝니다. 노숙자가 치과의사나 변호사가 되고, 학대 받던 아이가 철학박사나 디자이너가 되기도 하죠. 전과자였던 한 여성이 재활센터의 상담실장이 된 사례도 있습니다. 과정을 수료한 거의 대부분의 학생들이 4년제 대학에 진학하거나 정규직 일자리를 구합니다. 과정을 마쳤음에도 학교에 진학하지 않거나 일을 하지 않는 사람들의 경우에도 자발적으로 자신의 꿈을 이루기 위한 과정을 착실히 밟아 나가죠.

물론 인문학 공부를 1년 했다고 해서 삶의 질이 근본부터 달라지는 것은 아닙니다. 만약 중독자가 어느 순간 벼락부자가 되는 일 같은 건

일어나지 않죠. 하지만 그렇다고 해서 인문학의 가치가 평가절하될 수는 없습니다. 2010년 클레멘트 코스를 졸업한 노마 후아레즈는 이 과정을 통해 깨달은 바를 다음과 같이 소회하고 있습니다.

"우리는 이제 앞으로 나아갈 수 있습니다. 모든 사람들이 미국을 '아메리칸 드림'을 성취할 수 있는 더 좋은 곳으로 만들 수 있다는 자신감과 함께"

그가 이렇게 말할 수 있었던 가장 큰 이유는 세상을 바라보는 시선이 달라졌기 때문입니다. 자신의 뜻대로 일이 풀리지 않으면 무조건 원망만 하던 과거와는 달리, 성인의 눈으로 세상을 바라보는 기준이 생긴 것입니다. 클레멘트 코스를 수료한 학생들은 '소크라테스라면 이런 상황에서 어떻게 했을까?', '플라톤이라면 이런 선택은 하지 않았을 거야.'라는 판단을 스스로 내릴 수 있게 됩니다.

노무현 대통령의 사례와 클레멘트 코스를 통해 우리는 '배움에는 장소가 중요하지 않다'는 사실을 확인할 수 있습니다. 배움을 청하는 사람의 입장이라면 환경을 탓하기보다는 현 상황에서 내가 어떻게 해야 하는지, 그리고 무엇을 배울 수 있는지 확인해야 합니다. 어떤 곳에서도 배울 점은 반드시 있습니다. 제가 생각하는 배움의 목적은 다음의 문장으로 요약됩니다. 모든 사람이 배움을 이렇게 생각한다면 세상이 더 아름답게 바뀌지 않을까 생각해봅니다. 아마 노무현 대통령도 이런 마음으로 정치를 했을 것이라 생각합니다.

"인문학을 포함한 모든 학문의 힘은 가난한 자를 더 이상 가난하지 않게 만들고 사람을 근본적으로 변화시키는 것이다."

❖ 교육환경을 뛰어넘는 힘

공자는 '생각 없는 배움은 소용없고, 배움 없는 생각은 위험하다' 는 말을 남겼습니다. 이 말이 뜻하는 바는 무엇일까요? 저는 이를 '배울 때 목표를 가져야 한다는 것', '배운 바를 자기의 것으로 만들기 위해 생각해야 한다는 것' 의 2가지 내용으로 말씀드리고 싶습니다. 이를 가장 잘 실천한 사람은 공자의 제자인 자로입니다. 그는 새로 배운 것을 깨우치는 동안 다른 지식이 들어오는 것을 극도로 경계했습니다. 배우는 양은 적을 수 있지만 이를 정확하게 실천할 수 있다는 점에서 이 방식은 우리가 참고해 볼만 합니다.

기본적으로 자로의 학습방식은 개인의 생각과 밀접한 관련이 있습니다. 좋은 장소에서 더 좋은 아이디어가 나온다는 우리의 편견을 보기 좋게 무너뜨림과 동시에 끊임없는 사고를 바탕으로 자신의 삶을 바꿨던 것이죠. 반면에 그가 활동했던 시대보다 훨씬 좋은 환경에서 공부하고 있는 현대의 한국사람들은 학생과 직장인 모두 열심히 배우고 있음에도 불구하고 미래를 심도있게 생각하지 못합니다. 열심히 공부해도 답이 나오지 않는다면 현재 사용하고 있는 방법을 바꾸어야 하는데도 그렇게 하지 못하는 것이죠.

그렇다면 우리가 이를 바꾸기 위해서 할 수 있는 일은 무엇일까요?

법을 제안하는 국회의원이 아닌 이상 한국 내에 산재한 제도를 뜯어 고치기에는 현실적으로 어려움이 있을 것입니다. 다만 우리의 자세를 바꿀 수는 있죠. 우리는 주변의 환경을 정확하게 인지하고 이를 자신의 목적에 맞게 바꾸려는 노력을 끊임없이 반복해야 합니다. 이는 배우는 장소와는 전혀 무관한 일입니다. 개인의 노력만이 중요한 요소로 작용할 뿐입니다.

역사를 살펴보아도 이 사실은 쉽게 증명됩니다. 중국 삼국지에서 유비의 군사로 활약했던 제갈량이 대표적입니다. 유비가 그를 군사로 맞이하기 위해 융중을 3차례나 방문했다는 삼고초려(三顧草廬)의 고사는 오늘날까지도 많은 사람에 의해 회자되고 있습니다. 이후 그는 유비의 군사로 발탁되어 정치, 경제, 군사, 행정 등 다양한 분야에서 자신의 능력을 펼치며 촉을 건국하는데 능력을 보탰습니다. 그렇다면 그는 어떻게 공부했던 것일까요?

제갈량은 유비의 부름에 응답하기까지 약 10여 년의 기간 동안 학문에 몰두했습니다. 제갈량이 다른 사람들에 비해 특출났던 점은 그의 공부법이 당대의 지식인과 전혀 달랐다는 것입니다. 당시의 주된 공부법은 유교 경전의 내용을 연구하고 해석하는 것이었습니다. 그렇기 때문에 전체의 내용을 개략적으로 파악하고 그 가운데 유익한 것을 뽑아내어 삶에 활용하려 했던 제갈량의 방법은 어찌 보면 이단으로 보였을 것입니다. 그러나 이런 방법으로 공부했기에 제갈량은 융중이라는 비교적 작은 도시에 있었음에도 불구하고 천하를 바라보는 힘을 기를 수 있었습니다. 공부를 하는데 장소가 중요하지 않다는 것을 보여주는 이상적인 사례라고 할 수 있습니다.

공부에 있어 무엇보다도 중요한 것은 스스로 생각하는 힘입니다. 만약 이 힘을 우리가 지니고 있다면 어느 곳에서 공부를 하던지 뛰어난 성과를 낼 수 있습니다. 만약 장소가 중요했다면 지금보다 생활수준이 열악했던 옛날에는 위대한 생각이 나올 수 없었을 것입니다. 클레멘트 코스와 노무현 대통령이 처했던 환경을 생각해봅시다. 공부를 할 때 가장 중요한 것은 '내가 공부를 하는 장소'가 아니라 '공부를 하는 마음가짐'입니다. 공부를 잘하는 사람들은 이 진리를 모두 마음 속에 기억하고 있을 것입니다.

제 1 장 배움의 길은 어디에 있을까?

제3원칙

과거의 소중한 가치를 헛되이 하지 마라

❖ 메모의 힘

중요한 것을 잊어버리지 않기 위해 사람들이 사용하는 방법은 메모입니다. 메모의 이점은 많습니다. 마트에서 장을 볼 때 필요한 것을 기억할 수 있고, 아이디어를 정리하는데도 탁월한 효과를 발휘합니다. 이런 사람들의 열망을 반영한 탓인지 시중에는 메모와 관련된 책들이 많습니다. 사람들이 메모를 중요하다고 생각한다는 것을 반증하는 지표입니다.

물론 메모가 모든 것을 해결할 수 있는 만능열쇠는 아닙니다. 그럼에도 불구하고 저는 여러분들께 메모하는 습관을 길러야 한다고 말씀드리고 싶습니다. 그 이유는 메모를 통해 내 자신을 뒤돌아 볼 수 있기 때문입니다. 이 사실을 증명하는 대표적인 예가 바로 미국의 정치가이자 과학자인 벤자민 프랭클린입니다. 그는 인생에서 중요한 가치를 13개로 구분하고 작은 수첩을 만들어 자신이 이를 어떻게 실천했는지 평생에 걸쳐 꼼꼼하게 기록했습니다. 오늘날 우리가 사용하는 프랭클린 플래너는 바로 이 작은 수첩에서 시작된 것입니다.

메모가 어렵다면 꼭 아날로그를 고집할 필요는 없습니다. 요즘 출시되는 스마트폰의 메모장 어플만 잘 활용해도 큰 효과를 볼 수 있기 때문입니다. 인터넷 사이트를 스크랩하고 모으며 자신에게 도움이 되는 정보를 쉽게 찾았던 경험이 있는 사람이라면 굳이 강요하지 않아도 자연스럽게 메모를 습관화 시킵니다.

기본적으로 메모가 지닌 속성은 '과거의 것을 기록하여 잊어버리지 않도록 하는 것'입니다. 그런데 여기서 주목해야 할 점이 있습니다. 사람들은 대개 일상과 관련된 것들을 메모를 잘하는 반면 살면서 정말 중요하게 생각해야 할 점에 대해서는 메모를 하지 않습니다. 아이디어를 기록하는 것에 있어서도 게으른 편이죠. 이는 귀한 자료를 쓰레기통에 넣어버리는 것과 같습니다. 아이디어는 기록하지 않으면 쉽게 사라져버립니다. 기발한 상상력으로 독자를 즐겁게 하는 작가 베르나르 베르베르가 꿈을 규칙적으로 기록하는 것도 이 때문입니다.

제가 글의 서두에 메모를 말씀드리는 이유는 메모가 다음에 이야기 할 역사와 비슷한 속성을 지니고 있기 때문입니다. 메모와 역사는 모두 과거를 기반으로 합니다. 사랑을 할 때 과거에 얽매여 미래를 보지 못하는 태도는 어리석지만 그렇지 않은 경우 과거의 사건은 우리에게 어떤 방식으로든 교훈을 줍니다. 특히 역사는 우리가 앞으로 가야 할 다양한 이정표를 제시해주는 훌륭한 도구입니다. 우리와 비슷한 고민을 했던 사람은 옛날에도 있었습니다. 조금만 관심을 기울인다면 이들이 어떤 선택을 했는지, 그리고 그 결과가 무엇인지 우리는 아주 쉽게 알 수 있습니다. 이렇게 얻은 지식은 현실상황에서 내가 어떻게 해야 할지 판단하는 중요한 지표가 됩니다. 그래서 저는 만나는 사람들에게 과거를 공부할 것을 권합니다. 이런 태도는 우리의 미래를 설계하는데 꼭 필요합니다.

❖ 과거는 어떻게 미래가 되는가

"과거의 역사가 지속되지 않게 하기 위해서는 의식적으로 과거사에 대한 인식을 바로 잡고 앞으로 역사를 잘 준비해야 합니다. 역사를 다시

쓰자. 그래서 역사를 다시 만들자고 말하고 싶습니다"

이는 노무현 대통령이 2002년 9월에 한 지방대학교의 강연에서 학생들에게 한 말입니다. 역사를 지속적으로 공부하며 배울 점을 찾고 이를 현재 내가 살고 있는 시대에 적용하여 과거의 잘못을 되풀이 하지 않아야한다는 뜻이죠. 그의 말처럼 우리는 역사를 중요하게 생각해야 합니다. 역사는 과거를 보여주는 거울이자 앞으로 나아갈 길을 제시하는 불빛입니다.

이를 대변하는 노무현 대통령의 정책 중 하나로 저는 동북아역사재단 설립을 들고 싶습니다. 동북아역사재단은 노무현 대통령 재임시기인 2006년에 중국과 일본의 역사왜곡에 체계적으로 대응하여 한국사를 연구하고 전파하기 위한 목적으로 만들어진 단체입니다. 지금도 주변을 살펴보면 역사를 자신의 입맛에 맞게 바꾸려는 움직임이 많이 보입니다. 중국에서는 예전부터 동북공정이라는 이름 아래 고구려사를 왜곡하고 있고, 예전부터 일본은 독도 영유권, 임나일본부설 등을 주장하며 우리에게 알려진 역사와 전혀 다른 내용(일본측에 유리한)을 주장하고 있죠.

상황이 이렇다 보니 동북아역사재단의 업무방향 역시 이 부분을 바로잡는 것에 초점이 맞춰져 있습니다. 이들은 독도 영유권을 주장하고 교과서를 왜곡하는 일본의 역사학자를 견제하기 위해 관련 자료집을 발간하고 역사왜곡과 관련된 사료를 꾸준히 모아 학회에서 발표한 뒤 논문집을 출간합니다.

중국의 동북공정에 대한 대비 역시 동북아역사재단의 주 업무 중 하나입니다. 2015년 2월에 발간한 '중국 정사 외국전 역주 시리즈 23권'이 대표적인 사례로 꼽힙니다. 이 자료는 한나라 사마천이 쓴 사기(史記)부터 청나라 때 펴낸 명사(明史)에 이르기까지 총 22종의 중국 역사서를 아우르는 대작으로 주변 이민족에 대한 기록을 담고 있습니다.

중국의 역사를 왜 한국에서 굳이 번역까지 하면서 출판해야 했을까요? 동북아역사재단에서는 그 이유로 중국의 역사를 정확하게 알아야 우리에게 유리한 판을 짤 수 있다는 사실을 들었습니다. 본래 역사서는 왜곡이 있으면 안 되지만 중국의 자료에서는 그렇지 않은 경우가 많이 발견됩니다. 예를 들면 과거에 중국이 통제하지 못했던 지역을 자신의 영토라고 주장하거나 상인이 방문한 단순한 사례를 그들이 조공을 바치기 위해 방문했다고 수정하는 식입니다. 재단 관계자는 해당 자료를 통해 중국을 더 깊이 이해할 수 있기 때문에 동북공정에 대해 철저히 대응할 수 있다고 말했습니다.

그러나 동북아역사재단은 2015년 2월경에 하버드대학교 한국학연구소에 사업비를 지원하는 과정에서 심사절차를 누락시킨 사실이 적발되며 대중의 지탄을 받기도 했습니다. 게다가 하버드대학교 연구소에서 2013년도에 발간한 논문집인 '한국 고대사의 한나라 영지들'에서 식민사관과 동북공정의 논리를 따르는 지도를 차용했다는 주장이 제기되면서 의혹은 일파만파로 커져갔습니다. 다행히 재단측은 심사절차 누락을 행정착오로 인정하고 문제가 제기된 이후에 사업 지원을 전면 중단했습니다. 그러나 오랜 기간 동안 철저한 검증 없이 사업비를 지원했다는 비판을 피하기는 어렵게 되었습니다. 앞으로 좋은 모습을 보이며 대중의 인식을 바꾸기 위해 노력해야 할 것입니다.

그럼에도 불구하고 제가 지면을 빌어 동북아역사재단을 말씀드린 이유는 이곳의 설립목적 자체가 우리의 올바른 역사를 지키는 것에 있기 때문입니다. 사람은 경험을 통해 성장합니다. 보고 듣고 체험한 것이 누적되며 자신만의 가치관이 형성되죠. 역사가 중요한 이유는 이 때문입니다. 우리가 직접 체험할 수 있는 것은 한계가 있습니다. 이런 상황에서 과거에 일어난 일을 연구하며 경험을 축적하는 사람이 있다면 그는 아마 다른 이들보다 유리한 고지에 더 빨리 올라갈 수 있을 것입니다. 대개 대학 졸업생은 취업을 할 때 먼저 좋은 회사에 입사한 선배들의 경험을 듣기 위해 많은 노력을 기울입니다. 그런데 왜 우리들은 취업한 선배보다 더 뛰어난 사람들의 이야기에 관심을 기울이지 않는 것일까요? 만약 취업한 선배의 경험이 내게 도움이 된다면 시대를 바꾼 사람들의 경험은 더 큰 도움이 될 것입니다. 물론 시대적인 한계를 전혀 무시하고 그대로 받아들이는 태도는 옳지 않습니다.

우리는 과거로부터 배워야 합니다. 잘못된 것은 바로 잡고 앞으로 같은 실수를 반복하지 않도록 항상 경각심을 지녀야 합니다. 어떤 역사든 우리에게 도움이 된다는 사실을 깨닫고 앞으로 나아갑시다. 과거의 잘못을 반복하는 과오를 저지르지 말고 지금 내가 있는 곳을 아름답게 만들기 위해 노력한다면 역사는 그 자체만으로도 우리에게 큰 의미로 다가오게 되어있습니다. 노무현 대통령 역시도 그런 마음을 품고 세상을 살아갔습니다. 우리가 꼭 기억해야 할 부분이라 생각합니다.

"자랑스런 역사이든 부끄러운 역사이든, 역사는 있는 그대로 밝히고 정리해 나가야 합니다…… (중략)…… 아직도 과거사 정리 작업이 미래로 나아가는 데 걸림돌이 된다고 생각하는 분들도 있는 것 같습니다. 그러나 저는 결코 그렇지 않다고 생각합니다. 과거사가 제대로 정리되지 않았기 때문에 갈등의 걸림돌을 지금껏 넘어서지 못했던 것입니다. 누구를 벌하고, 무엇을 빼앗자는 것은 결코 아닙니다. 사실은 사실대로 분명하게 밝히고, 억울한 누명과 맺힌 한을 풀어주고, 그리고 다시는 이런 일이 일어나지 않도록 함께 다짐하자는 것입니다. 그래야 진정한 용서와 화해를 통해서 우리 국민이 하나가 되는 길로 나아갈 수 있을 것입니다."
_2006년 제주 4.3 사건 희생자 위령제 추도사 일부

❖ 소중한 가치를 외면한 예술작품

과거를 외면하고 열심히 몰두해서 만들어낸 명작이 있다고 가정해봅시다. 우리는 이 예술 작품을 어떤 의미로 해석해야 할까요? 인간의 굴레를 집필한 서머싯 몸은 그의 작품 '달과 6펜스'에서 이 주제를 자세히 파헤칩니다. 우리는 이 소설을 통해 무엇을 배울 수 있을까요?

이야기는 증권사에 다니는 평범한 직장인인 스트릭랜드로부터 시작합니다. 스트릭랜드는 어느 날 갑자기 아내에게 '당신과 살 수 없으니

헤어지겠다. 다시는 돌아오지 않겠다.'는 말을 남긴 채 파리로 떠납니다. 아내는 그가 다른 여자와 눈이 맞은 것이라 생각하고 남편을 찾아달라는 의뢰를 합니다.

그러나 파리에서 발견한 스트릭랜드는 아내의 예상과 전혀 다른 생활을 하고 있었습니다. 그는 자신을 찾으러온 사람에게 그림을 배우고 있다는 말을 남깁니다. 비록 아내가 걱정하는 일은 생겨나지 않았지만 상황은 그다지 좋지 않았습니다. 스트릭랜드는 자신의 목적과 꿈을 내세우며 아내가 보낸 사람을 돌려보내고 그림에 다시 몰입합니다. 이 과정에서 그는 자신만 생각하는 이기적인 모습을 보입니다. 그림공부를 하던 시절 힘든 자신을 거두어 준 화가의 은혜를 잊고 부인과 눈이 맞아버린 것이죠. 결국 우여곡절 끝에 외딴 섬에서 자신의 예술혼을 불사르며 마지막을 장식하는 것으로 이야기는 끝이 납니다. 작가는 소설 속에서 의사의 입을 빌려 스트릭랜드의 열정을 다음과 같이 표현하고 있습니다.

"스트릭랜드를 사로잡은 열정은 미를 창조하려는 열정이었습니다. 그 때문에 마음이 한시도 평안하지 않았지요. 그 열정이 그 사람을 이리저리 휘몰고 다녔으니까요 …… 그의 마음속에 들어선 마귀는 무자비했어요. 세상엔 진리를 얻으려는 욕망이 지나치게 강한 사람들이 있잖습니까? 그런 사람들은 진리를 갈구하는 나머지 자기가 선 세계의 기반마저 부셔버리려고 해요. 스트릭랜드가 그런 사람이었지요."

시대를 뛰어넘는 멋진 예술 작품을 만드는데 필요한 것은 무엇일까요? 아마 소설을 읽어본 적이 있는 사람이라면 이 문제를 한 번쯤은 고민해 보았을 것입니다. 저는 사랑하는 사람을 버리고 자신만의 만족을 위해 만들어 낸 작품이라면 큰 의미가 없을 것이라는 말씀을 드리고 싶습니다. 과거의 소중한 가치를 생각하지 않고 자신의 이익만을 위해 살아가는 사람이 만들어낸 작품은 누구도 공감해주지 않습니다. 우리 사회에서 살아가는데 꼭 필요한 조건 중 하나는 소통입니다. 천재성을 인정받기 위해서라도 주변 사람들과 교류를 해야 하죠. 그래서 저는 우리가 과거의 소중한 가치를 마음속에 품고 선현의 지혜를 내 것으로 만드는 자세를 지녀야 한다고 생각합니다.

앞서 저는 과거의 사건을 통해 미래를 보는 힘을 주는 역사를 공부할 것을 강조했습니다. 이 역사는 단순한 사건을 통해 보고 듣는 공부만을 의미하는 것이 아닙니다. 과거에 내가 받은 사랑과 주변으로부터 배운 소중한 가치 모두가 이에 포함됩니다. 요즘 우리는 속도의 경쟁에서 이기기 위해 느리게 바라보아야만 얻을 수 있는 가치를 등한시 하고 있습니다. 잠시 하던 일을 멈추고 주변을 둘러보는 여유를 가져보는 것은 어떨까요? 과거를 자세히 바라보기 위해 잠시 현재를 내려놓는다고 해서 비난 할 사람은 아무도 없습니다.

우리가 역사를 공부하며 살아가야 하는 이유는 과거를 이해하며 얻은 지식이 결국 사람에게 도움이 되기 때문입니다. 모든 학문은 사람을 이롭게 해야 합니다. 열심히 공부하며 얻은 지식을 자신만을 위해 사용하는 일은 옳지 않습니다. 과거의 소중한 가치(가족과 사랑)를 모두 버리고 자신의 목적을 추구했던 스트릭랜드를 우리가 좋게 볼 수는 없습니다. 우리는 어떻게 살아야 할까요? 이 장에서 소개된 여러 사례가 여러분들께 해답을 드릴 수 있었으면 합니다.

❖ 지혜로운 무장이 되기 위한 길

삼국시대, 오나라에 여몽이라는 무장이 있었습니다. 뛰어난 지략으로 유비의 최측근인 관우를 사로잡은 사람이기도 하죠. 그러나 어렸을 때는 학식이 없어 '오의 어리석은 아몽(阿蒙: 여몽의 아칭)'이라고 불렸습니다. 무예는 출중했지만 이를 받쳐주는 머리가 없었던 것이죠.

그러던 중, 손권이 그에게 찾아와 공부를 권합니다. 여몽은 더 나은 사람이 되고픈 욕심이 있었지만 공부에 엄두가 나지 않았던 여몽은 할 일이 많다는 핑계로 그의 청을 거절합니다. 그러자 손권은 여몽에게 다음과 같이 말했습니다.

"그대가 일이 많기로 나만큼 되겠는가? 한나라 광무제(光武帝)는 전쟁 중에도 손에서 책을 놓지 않았으며, 위나라 조조도 스스로 배우기를 좋아한다고 하오. 선인들이 남겨 준 자료라도 좀 보시오. 특별히 박사가 될 필요까지야 없고 그저 과거의 일을 많이 알길 바라오"

이에 여몽은 어쩔 수 없이 손권의 말을 받아들입니다. 이후 여몽은 열심히 노력했고 그 결과 누구에게도 뒤지지 않는 학식을 자랑하게 됩니다. 중신 가운데 학문이 높기로 소문난 노숙조차도 그의 성취에 놀라움을 금치 못했죠. 여몽은 자신의 학문적 성취에 감탄하는 노숙에게 '무릇 선비란 헤어진 지 사흘이 지나서 다시 만나면 눈을 비비고 상대방을 대해야 할 만큼 달라져 있어야 하는 것 아니겠소.'라는 말을 남겼습니다. 괄목상대(刮目相對)라는 사자성어가 탄생하는 순간입니다.

저는 여몽이 뛰어난 사람이 될 수 있었던 원인으로 역사를 많이 살폈던 그의 학습법을 꼽고 싶습니다. 물론 여몽이 역사서에만 몰두하진 않았을 테지만 손권이 그에게 남긴 '과거의 일을 많이 알길 바란다'라는 말을 무시하기는 어려웠을 것입니다. 과거의 사건과 그 전말을 미리 알고 있는 사람은 그렇지 않은 사람에 비해 다양한 방법을 생각하고 결과를 예측해 볼 수 있습니다. 이 상황에서 결과가 옳은지 그른지는 중요하지 않습니다. 이런 과정 속에서 생기는 사고력과 판단력이 훨씬 더 중요하기 때문입니다. 만일 학습자가 끊임없이 자신의 현 상태를 진단하고 이를 개선하려는 자세를 지닌다면 여몽처럼 큰 폭으로 자신의 능력을 향상시킬 수 있습니다.

노무현 대통령과 손권이 역사를 강조한 이유는 무엇일까요? 저는 그 이유로 '자신에게 유리한 조건을 스스로 만들 수 있도록 돕는 힘'을 들고 싶습니다. 역사를 알고 있는 사람은 과거의 무수한 선택과 결과로 인해 생기는 영향을 미리 알고 있기 때문에 스스로의 인생에서 이 지식을 활용하여 큰 도움을 얻습니다. 오늘날 기업에서 가장 필요로 하는 인재는 문제해결력을 갖춘 사람입니다. 왜 내가 그런 사람이 되지 못하는 것일까요? 문제를 해결하는 과정에 직접 참여해보지 못했기 때문입니다. 그런 점에서 역사는 우리에게 많은 것을 알려줍니다. 역사 속에서 성공한 사람을 통해 내가 살아갈 방향을 찾고 그렇지 못한 사람들의 이야기를 되짚어보며 같은 잘못을 하지 않도록 노력하는 자세를 지니는 것은 어떨까요? 이는 우리에게 큰 도움이 될 것입니다.

제 1 장 배움의 길은 어디에 있을까?

제4원칙
주체적으로
판단하라

❖ 생각하지 않는 사람들

'니콜라스 카'가 집필한 '생각하지 않는 사람들'이란 작품이 있습니다. 인터넷이 발달하며 삶을 바꾸는 가운데 사람들이 이전에 비해 생각하는 힘을 잃어버렸다는 내용을 담고 있죠. 실제로 주변을 보면 자신의 주관이 뚜렷하지 않은 사람들을 자주 볼 수 있습니다. 결정을 쉽게 내리지 못하고, 다른 사람들의 판단에 의존하는 거죠.

일반적으로 뇌는 효율성을 추구하기 때문에 자주 사용하는 영역을 다른 영역에 비해 더 많이 발전시킵니다. 그래서 대개 무언가에 몰입한 사람은 다른 이들에 비해 특정 능력이 뛰어납니다. 글을 오래 쓴 사람은 대개 블로거나 작가가 되고, 운동을 많이 한 사람은 선수나 트레이너가 되는 것과 같은 이치입니다. 이런 상황에서 우리에게 중요한 것은 무엇보다도 정보를 받아들이고 익히는 능력입니다. 이를 바탕으로 내가 하고 있는 것을 더 쉽고 빠르게 이룰 수 있기 때문입니다. 해당 능력은 거의 대부분 읽고 해석하는 것과 관련되어 있습니다.

그런데 문제는 요즘 세상이 읽기 능력을 키우기에 적합하지 않다는데 있습니다. 원래 읽기에서 가장 중요한 것은 하나의 텍스트를 기반으로 오랫동안 생각하고 의미를 분석하는 일인데, 인터넷이 발달하다 보니 이에 몰입할 수 없는 환경이 생겨났기 때문입니다. 실례로 스마트폰의 인터넷 브라우저를 열어보면 우리를 유혹하는 다양한 종류의 링크가 있습니다. 광고나 신문기사, 자극적인 사진 등을 보며 우리는 자연스럽게 생각할 힘을 잃어버립니다.

우리는 항상 스스로의 미래를 다양한 방식으로 생각할 수 있어야 합니다. 지금 잠시 책을 덮고 내 미래가 어떻게 될지 그려봅시다. 만약 직장에서 일을 하고 있는 모습 이외에 다른 것이 생각나지 않는다면 지금 이 상황을 매우 심각하게 생각해야 합니다. 우리는 자신이 하고 싶은 것을 발견하고 끊임없이 스스로를 발전시켜야 합니다. 그렇지 않으면 지금 하는 일을 평생 해야만 합니다. 물론, 직업에 따른 수익이나 미래 전망이 지속적으로 변하기 때문에 지금 하고 있는 일에만 역량을 집중하는 행위는 그다지 좋은 선택이 아닙니다.

❖ 어떤 선택을 해야 하는가?

노무현 대통령의 일생에서도 이런 사례는 많습니다. 대통령직을 수행하며 국가의 운명을 좌우하는 중요한 프로젝트를 수없이 검토하고 승인했기 때문입니다. 그러나 저는 이 지면을 빌어 좀 다른 사례를 설명해볼까 합니다. 이야기는 그가 고시공부를 하기 전인 고등학교 시절부터 시작합니다.

노무현 대통령의 공식적인 최종학력은 고졸, 나온 학교는 부산상고(현 개성고등학교)입니다. 원래 그는 중학교 졸업 이후 생계를 위해 5급 공무원 시험을 준비하려 했습니다. 그러나 장학금을 받을 수 있다는 주변의 말에 마음을 바꾸고 고등학교에 진학하죠. 고향의 부모님은 고구마를 캐서 생계를 유지할 정도로 가난했었기 때문에 진학 후 올곧은 마음을 유지하려 애쓰지만 결심을 유지하기가 쉽지 않았습니다. 술과 담배를 하며 방황하기도 했죠. 그렇게 그의 고등학교 시절은 쏜살같이 흘러갔습니다.

고등학교 졸업 이후 부모님을 모셔야겠다고 생각한 노무현 대통령은 그 당시 사람들이 선망했던 직장인 농협에 지원하기로 결심하고 입사시험을 치렀으나 낙방의 고배를 마셨습니다. 상심이 컸던 그에게 손을 내밀어 준 곳은 아이러니하게도 학교였습니다. 동기 몇 명과 함께 작은 회사에 들어갈 수 있도록 자리를 알선해줬던 것이죠. 어망을 제작하던 '삼해공업'이라는 작은 회사였습니다. 학생신분으로 일찍 취업을 했었기 때문에 그는 교복을 입고 출근을 하다 회사의 요구에 평상복으로 바꾸면서 입을 옷이 없어 친구들과 바꿔 입기도 하는 등 나름 즐겁게 회사생활에 몰두했습니다.

그런데 행복은 그리 오래가지 않았습니다. 발단은 한 달이 지나고 받은 급여에서 시작되었습니다. 그가 열심히 일하고 받은 봉급은 겨우 2700원, 한 달 방세도 낼 수 없을 만큼의 작은 금액이었습니다. 이 사실을 수긍하지 못한 노무현 대통령은 친구들과 함께 대표를 찾아가 그만두겠다는 의사를 표현합니다. 이야기를 모두 들은 대표는 그들에게 급여를 4000원으로 인상해주겠다고 말했습니다. 이에 화가 난 그는 친구와 함께 그만두는 것을 선택했습니다. 같이 간 친구들의 반은 그대로 남아서 일을 계속했죠. 이 때 받은 한 달 반의 급여 6000원은 이후 고시 공부에 필요한 책을 구매하는 비용으로 쓰였습니다.

저는 이 일화가 자본주의의 어두운 면을 보여주는 사례라고 생각합니다. 가진 자는 가지지 못한 자를 다양한 방법으로 핍박합니다(물론 모든 사람들이 그런 것은 아닙니다). 그들의 노동력을 자신의 이익을 불리는데 활용하고, 그들에게는 생활하는데 필요한 최소의 것만 지급합니다. 유사한 사례는 우리 주변에도 많습니다. 2014년 12월경, 한 소셜커머스 업체로부터 시작된 이른바 갑질 논란이 대표적입니다. 11명의 직원을 인턴으로 채용한 후 성과에 따라 정규직으로 전환시켜주겠다는 약속을 하고, 원하는 매출을 달성시키도록 유도한 뒤 전원 해고시켜 버린 이 사건을 본 국민들은 크게 분노했습니다. 네티즌은 해당 업체에 대한 불매운동을 실시했고 결국 사태의 심각성을 인지한 대표가 직접 사과하는 것으로 사건은 막을 내렸습니다. 우리 주위에는 이처럼 청년들의 열정을 이용하려는 사람들이 의외로 많습니다.

노무현 대통령이 삼해공업을 그만둔 이유는 무엇일까요? 가장 먼저 생각할 수 있는 이유는 '돈이 되지 않아서'일 것입니다. 가족을 부양해야만 했던 그의 사정으로 볼 때 이런 선택은 어찌 보면 당연한 것입니다. 아마 그가 고시를 공부하기로 결심한 데에는 어망회사에서 받았던 부당한 대우가 큰 역할을 했을 것입니다. 이후 노무현 대통령이 노동운동에 몰입했다는 사실로 미루어 볼 때 이 시기에 그가 느꼈던 기분을 짐작할 수 있을 것입니다.

살아가는데 우리에게 필요한 것은 무엇일까요? 일상생활에서 내가 얼마나 스스로 판단하고 있는지 생각해봅시다. 앞서 살펴본 노무현 대통령의 사례를 통해 우리가 확인할 수 있는 사실은 스스로 판단하는 일의 중요성입니다. 우리는 일반적으로 돈에 관해서는 결정이 빠른 편입니다. 돈이 나오지 않거나 회사의 처우가 약속과 달라지는 경우 우리가 쉽게 이직을 생각하는 것이 바로 그 증거입니다. 그런데 더 중요한 것은 우리의 인생을 값지게 만들 무언가를 만들어내기 위해 필요한 결정을 주저하지 않고 할 수 있느냐입니다. 인생에서 무엇이 값진 것이냐는 질문에 대한 대답은 사람마다 모두 다를 것입니다. 그 바탕은 바로 주체적으로 사고할 수 있는 능력에 있습니다.

✣ 나는 생각한다?

스스로 생각하여 누구도 부인할 수 없는 철학적 원리를 도출해낸 사람으로 저는 데카르트를 들고 싶습니다. 우리는 그의 학문적 업적은 알지 못해도 그가 남긴 '나는 생각한다, 그러므로 나는 존재한다'라는 말은 잘 알고 있습니다. 라틴어로 코기토 에르고 숨(Cogito ergo sum)이라고 불리는 이 표현은 근대합리론의 시작을 알리는 하나의 커다란 신호였습니다.

데카르트가 앞의 명제를 언급하고 있는 작품은 바로 '방법서설(Discours de la methode)'입니다. 사실 '나는 생각한다, 그러므로 나는 존재한다'는 우리의 생각만큼 쉽게 나온 문구가 아닙니다. 오히려 수많은 사고의 과정을 거쳐 정제된 결과물에 가깝습니다.

방법서설은 '양식(良識)은 이 세상에서 가장 공평하게 배분되어 있는 것이다'라는 말로 시작합니다. 여기서 양식은 우리 생활에 필요한 먹을 것이란 의미가 아니라 '올바르게 판단해 진위를 구별하는 능력', 즉 이성을 가리키는 말입니다. 사람이 태어나면서부터 평등하게 갖춘 것이죠.

데카르트가 방법서설에서 다루는 주제가 생각보다 많기 때문에 그 중 하나만 소개해보겠습니다. 이른바 '난로방의 사색' 입니다. 데카르트는 진리가 무엇인지 생각하기 위해 하루 종일 따뜻한 난로가 있는 방에 들어앉아 편안하게 생각의 바다에 빠졌습니다. 열심히 생각하며 자신의 생각을 정립한 끝에 그는 전체 학문의 체계를 구축하기 위한 방법으로 아래의 네 가지 조항을 제시합니다. 그 법칙은 다음과 같습니다.

첫째, 내가 명증한 게 참이라고 인정한 것이 아니면 어떠한 것이라도 참이라고 받아들이지 마라.
둘째, 내가 음미하는 각각의 문제를 될 수 있는 한 많이 그리고 그 문제를 가장 잘 해결하기 위해 필요한 숫자만큼 작은 부분으로 나누어라.
셋째, 가장 단순하고 인식하기 쉬운 대상에서 조금씩 단계를 밟아 가장 복잡한 것의 인식에 이르기까지 순서에 따라 나의 생각을 유도하라.
넷째, 어떠한 내용도 빼놓지 않겠다고 확신할 만큼 완전히 열거하고 광범위한 재검토를 실시하라.

실제로 이 법칙들은 자신의 의견을 검토하거나 새로운 과학적 탐구를 진행할 때 매우 중요한 요소입니다. 실수를 미리 방지하고 더 확실한 결과를 내는데 큰 역할을 하기 때문입니다. 특히 이 법칙들은 주체적인 자신의 생각을 찾아나갈 때 큰 도움이 됩니다.

데카르트는 이후 이 기준을 바탕으로 정말 올바른 지식이 무엇인지 고민합니다. 남이 주입한 견해를 버리고 오로지 자신의 이성을 활용하여 진리를 찾으려 노력했던 것이죠. 그러다 '아무리 모든 것을 의심해도, 의심하고 있는 자신의 존재만큼은 의심할 수 없다'는 결론에 도달합니다. 주체적으로 판단하며 사고하는 과정을 통해 얻은 귀한 결과입니다.

오늘날 우리들의 기준으로 보았을 때에는 이 원리가 그다지 큰 역할을 하지 못할 수도 있습니다. 하지만 저는 그럼에도 불구하고 우리가 이렇게 고민하고 연구하는 활동을 중단하면 안 된다고 생각합니다. 데카르트는 그 이유를 다음과 같이 언급하고 있습니다.

"내가 발견한 것이 불과 얼마 되지 않는 것이라 할지라도 모든 것을 있는 그대로 세상에 전해 유능한 사람들을 나보다 더욱 앞서 전진하도록 촉구하며, 그들이 각각의 기호와 능력에 맞추어 필요한 실험에 서로 협력하고 또 그들 역시 스스로 배움을 통해 알게 된 내용을 모두 세상에 전하고자 노력하도록 촉구해야 한다. 이렇게 된다면 후세의 사람들은 선인들이 끝마친 곳에서부터 시작하게 되며, 또 그 같은 많은 사람들의 노력과 생애를 전부 합침으로써 우리는 각 개인의 힘이 도달할 수 있는 곳보다 훨씬 먼 곳까지 모두 함께 나아가게 될 것이다."

만일 우리가 주체적으로 사고할 수 있게 된다면, 저는 가장 먼저 우리가 갖추어야 할 가치로 '자주성과 공존'을 들고 싶습니다. 스스로 생각할 수 있는 사람들이 모여 모두가 잘 살 수 있는 방안을 고민할 때 훨씬 더 아름다운 사회가 될 것이라 믿기 때문입니다. 이는 정치하는 사람이 가져야 할 기본적인 자세이기도 합니다. 저는 노무현 대통령이 이런 자세를 가졌었다고 생각합니다. 욕심을 버리고 자신보다는 다른 사람들을 생각했던 그의 모습이 아련히 떠오릅니다.

❖ 주체적으로 판단하라

물론 주체적으로 판단을 한다고 해서 항상 좋은 결과가 나오는 것은 아닙니다. 역사적으로 살펴보면 잘못된 판단으로 좋지 않은 결과를 만들어 낸 경우가 많습니다. 임진왜란 시기에 탄금대에 진을 치며 패배의 빌미를 제공했던 신립장군이 대표적인 예입니다. 이 전투의 패배로 인해 왜군은 한양까지 아무런 방해를 받지 않고 진군할 수 있었고 선조는 의주로 몽진을 해야만 했죠. 장수 하나의 잘못된 판단이 수많은 사람들을 사지로 내몰았습니다.

그럼에도 불구하고 저는 온전한 사람으로 제 역할을 할 수 있으려면 스스로 생각하는 능력을 길러야 한다고 주장하고 싶습니다. 처음에는 실수를 할지도 모르지만 이 과정을 거치며 개인의 역량이 향상되기 때문입니다. 결국에는 실수를 거의 하지 않으면서도 모든 사람이 만족할 만한 결과를 내놓을 수 있죠. 무엇을 할지 스스로 생각하는 사람과 다른 사람이 시키는 일만 기계적으로 반복하는 사람이 함께 성공할 수 있을 것이라는 기대는 일찌감치 버리는 것이 좋습니다. 요즘 세상은 그렇게 호락호락 하지 않습니다.

안타깝게도 한국의 학생들은 환경적인 요인 때문에 자신의 인생을 스스로 기획하기 어렵습니다. 어른들이 학생들의 성과를 판단하는 기준은 모두 시험으로 인해 얻는 성적입니다. 당연히 학생들은 주어진 것만 잘하면 됩니다. 이런 과정이 반복되면 학생들은 자연스럽게 자율적으로 판단하는 능력을 잃어버립니다. 인생을 스스로 책임질 수도 없죠.

반면에 유럽 선진국의 부모가 자녀를 기르는 방식은 우리와 전혀 다릅니다. 일례로 프랑스에서는 15살 자녀에게 50유로(우리돈 5~6만원 가량)를 주고 사막에서 한 달 동안 살아남으라는 미션을 줍니다. 이 미션을 받은 자녀들은 비록 목표달성이 어려울지라도 부모의 말에 순종하며 사막에서 나름대로의 생존 기술을 터득합니다. 사자가 새끼를 혹독하게 기르는 과정이 떠오릅니다.

만약 앞의 사례에 속한 두 학생이 서로 겨뤄야 하는 상황이 생긴다면 유리한 쪽은 어느 곳일까요? 깊이 생각하지 않아도 대답은 쉽게 나올 것입니다. 저는 한국의 이런 공부방식이 하루 빨리 바뀌어야 한다고 생각합니다. 21세기는 상생의 시대기도 하지만 극도의 긴장감 속에 서로의 능력을 겨뤄야 하는 경쟁의 시대이기도 합니다. 우리는 학생들이 스스로 살아갈 수 있는 능력을 기르도록 도와주어야 합니다. 이는 학생들이 주체적으로 판단하고 이에 대한 책임을 지도록 만드는 중요한 요소입니다. 이런 학습방식은 장기적으로 보았을 때도 개인과 사회에 훨씬 더 유익합니다. 교육의 목표는 지식을 외우는 것이 아닙니다. 오히려 교육의 목표는 학습자가 스스로 생각하고 주체적인 인생을 사는데 도움을 주는 것에 있어야 합니다.

제 1 장 배움의 길은 어디에 있을까?

제5원칙
비판적으로
사고하라

❖ 질문을 좋아하지 않는 사람들

사람들은 질문이 많은 사람을 그다지 좋아하지 않습니다. 그 이유는 간단합니다. 질문이 사람을 번거롭게 만들기 때문입니다. 학교에서 선생님이 수업을 진행할 때, 질문이 들어오면 흐름이 끊깁니다. 마찬가지로 일을 할 때 질문을 많이 하면 진척이 더딥니다.

실제 전문가들은 한국에서 공부하는 학생들이 질문하는 힘을 거의 잃어버렸다고 진단합니다. 초등학교 시절에는 궁금한 것이 많지만 중학교에 입학하면서부터 주어지는 과도한 숙제와 시험에 압박을 느끼기 때문입니다. 이렇게 학창시절을 보내면 대학교를 졸업할 무렵이 되어서는 세상의 어떤 현상에도 궁금증을 느끼지 않는 상태가 됩니다. 2014년 1월 28일에 방영된 다큐프라임 '우리는 왜 대학에 가는가?'에서 실시한 학생 인터뷰는 이 사실을 가감없이 드러내는 좋은 자료입니다. 학생들이 말한 내용은 다음과 같습니다.

"정답이 정해져 있기 때문에 거기서 조금만 벗어나면 비난을 받는 거예요. 질문도 마찬가지로 손들고 질문을 하면 튀는 사람이 되는 거예요."

"저는 중학교 시절부터 입시에 찌들어있던 학생이어서 발표시간이 너무 아까운 거예요. 내가 이 시간에 한 자라도 더 영어 단어를 외울 텐데 …… 시험만 잘 보면 된다는 생각이 있어서 그냥 외워야지 뭐."

대개 비판적 사고력은 질문을 통해 만들어집니다. 의문점에 대한 답을 스스로 찾아가는 것이죠. 사과가 떨어지는 이유를 생각하다 만유인력의 법칙을 발견한 뉴턴, 멀리 떨어져 있는 사람과 어떻게 하면 대화할 수 있을까 고민하다 유선 전화를 만들어 낸 벨 등 우리는 주변에서 이런 사례를 심심치 않게 찾아볼 수 있습니다.

그럼에도 불구하고 사람들이 비판적 사고력을 거부하는 이유는 이 능력이 기존의 시스템을 전복시킬 수도 있다는 불안감 때문입니다. 이는 결코 기득권층에게 유리한 것이 아닙니다. 사실 기득권층은 자신이 가지고 있는 우위요소를 쉽게 버리지 못합니다. 새로운 것이 와도 자신이 잘못될 것이라는 생각을 하지 않죠. 2000년 대 초까지 카메라와 필름으로 세계에서 명성을 떨쳤던 코닥이 대표적인 사례입니다. 2000년 기준으로 150여 개 국가에 8만명 이상의 직원을 두며 카메라 업계에서 엄청난 영향력을 행사했던 공룡기업 코닥이 쇠락하게 된 가장 근본적인 원인은 디지털 카메라를 등한시했다는 것입니다. 사업을 다각화하지 못하고 필름에 집착하며 회사를 운영한 결과 이 기업은 2012년 1월 19일에 파산보호를 신청할 수 밖에 없을 정도로 재정 상황이 악화되었습니다. 이후 코닥은 뼈를 깎는 노력 끝에 필름 및 카메라 사업부를 매각하고 '인쇄의 기술적 지원, 전문가들을 위한 그래픽 커뮤니케이션 서비스'를 표방하는 기업으로 탈바꿈했습니다.

이런 변화를 불러일으키는 근본적인 힘은 비판적 사고에 근거한 창의력입니다. 비판적 사고력은 대개 사회를 예상치 못한 방향으로 사람들을 이끌며 사람들에게 긍정적인 영향과 부정적인 영향을 동시에 행사합니다. 이 때 중요한 것은 장점을 극대화하고 단점을 최소화 하는 것입니다. 사회가 발전하려면 비판적 사고력에 근거한 문제 해결 능력이 있어야 합니다. 또한 아이디어가 나왔을 때 이를 신속하게 실행할 수 있는 환경 역시 구축되어 있어야 하죠. 개인의 차원에서도 사회적 차원에서도 이는 꼭 필요한 요소입니다.

❖ 비판적 사고는 어떻게 작용하는가?

2010년 7월에 출간된 '대통령의 독서법'에서는 노무현 대통령이 비판적 독서법에 능했다고 기록되어 있습니다. 저자가 그의 독서법의 핵심을 비판적 사고력이라고 말했던 이유는 무엇일까요? 그리고 우리는 이 사례를 어떻게 생활에 활용할 수 있을까요?

노무현 대통령은 일을 시작하기 전에 관련 서적을 탐독하며 지식을 익혔습니다. 변호사 시절 자신의 자동차가 고장 나자 자동차 정비서적을 구입한 뒤 치열하게 읽고 연구하며 문제를 찾았던 것이 대표적인 사례입니다. 낚시 도구나 컴퓨터를 구입하기 전에도 관련 서적을 먼저 탐독하며 거시적인 지식을 익히기 위해 노력하기도 했습니다. 그가 직접적으로 언급한 것은 아니지만 저는 그의 독서 방식이 '독서를 통한 흐름 파악 – 익힌 지식을 기반으로 한 실행 – 피드백 수령 및 결점 보완'의 순서를 철저하게 따랐다고 생각합니다. 이는 학습자의 독학능력을 길러줌과 동시에 이론과 실습을 병행할 수 있다는 장점이 있습니다. '대통령의 독서법'을 집필한 저자 최진 씨는 그의 학습 성향을 다음과 같이 묘사하고 있습니다.

"이런 다독파는 무슨 일이 생기면 관련된 책부터 찾아 쭉 훑어보고 다음 단계에 들어간다. 그리고 정말 중요하다 싶은 부분은 더 집중적으로 파고드는 경향이 있다."

노무현 대통령은 왜 일을 시작하기 전 독서에 몰입했던 것일까요? 저는 그 이유를 분석력을 기르는데 책이 도움이 되기 때문이라 말씀드리고 싶습니다. 얽혀있는 원리를 단순하게 풀어내는데 필요한 분석력을 갖추려면 먼저 이를 구성하는 원리에 대해 정확하게 알고 있어야 합니다. 책은 이를 이해하는데 큰 도움이 되죠. 책을 통해 얻은 지식은 우리에게 다양한 방식으로 생각할 수 있도록 선례를 제공합니다. 학습자는 이전에 얻은 지식을 기반으로 기존의 것을 비교하며 나만의 원리를 발견할 수 있게 되죠. 이런 특성 때문에 비판적 사고력은 분석능력과 큰 연관이 있습니다.

흔히 우리는 색안경을 끼고 세상을 바라본다는 말을 많이 사용합니다. 대개 이 말은 사물을 자신만의 시선으로 바라보고 남의 의견을 받아들이지 않는 부정적인 사람에게 사용됩니다. 그런데 만약 가지고 있는 색안경의 종류가 많다면 어떤 일이 벌어질까요? 가진 안경의 개수만큼 다양한 시선으로 세상을 바라볼 수 있을 것입니다. 이는 비판적 사고력이 있는 사람이 지닌 특성이기도 합니다. 하나의 방법으로 해결이 안 된다면 다양한 가능성을 고려하여 문제에 접근하는 것이죠. 이런 태도는 공부를 할 때를 포함하여 거의 모든 상황에서 우리가 갖추어야 할 중요한 요소입니다.

우리가 다양한 색안경을 갖추기 위해 가장 필요한 부분은 바로 올바른 교육입니다. 모두가 알고 있는 대로 한국의 학생들은 좋은 학교에 입학하는 것을 목적으로 공부를 하고 있습니다. 이는 학생들에게 필연적으로 하나의 색안경을 끼도록 강요합니다. 노무현 대통령 역시 이런 문제점을 인식하고 해결하려 노력하였습니다. 2007년 EBS에서 실시한 특강에서 그는 사람들에게 다음과 같이 말했습니다.

"대학교에서 공부 잘하는 학생만 계속해서 합격시키겠다는 것이 교육적으로 과연 효율적인 것인가, 공부만 잘하는 학생들 자꾸 뽑아다가 시키면 반드시 교육적으로 성공을 하는가, 그 점에 있어서 문제를 제기해 볼 수 있습니다. 또 다른 측면에서 공부를 잘하는 원인은 여러 가지 환경적인 요인들이 함께 작용을 하게 돼 있거든요. 성적이 나쁘면 그 이유에 맞는 환경적 요인들에 대해 고민하고 해결해야 합니다. 가정환경과 학교 교육환경 이런 것들을 전부 고려해서 교육적 요소가 반영되어야 하는데, 결과적으로 환경이 좋은 학생들만 뽑아서 대학에서 교육시카는 것이 윤리적으로 정당한가의 문제도 깊이 생각해 보아야 합니다. 이건 사회의 미래를 생각하는 기준이기도 합니다."

그가 주장한 것은 약육강식의 교육 시스템이 아니라 잘 배우지 못한 사람도 혜택을 누릴 수 있도록 하는 공평한 교육이었습니다. 잘하는 사람에게 모든 것을 집중하면서도 효율이 높지 않은 현 상황에 대한 우려를 표현한 것이죠. 물론 현재 교육계의 문제점이 그가 생각한 방향대로 온전히 해결된 것은 아닙니다. 여전히 학교는 입시 위주의 교육을 실시하고, 좋은 학벌은 학생들의 인생을 결정짓는 중요한 요소로 작용합니다. 그러나 저는 그가 교육의 목적을 '자신의 시각으로 문제를 보는 다양성을 함양시키는 것'에 두고 모든 사람에게 적용시킬 수 있으면서도 각자의 개성을 살려줄 수 있는 방안을 생각했다는 것에 큰 의의를 두고 싶습니다. 이런 가치관이 반영된 교육 방식은 필연적으로 비판적 사고력을 향상시키고 사회의 구성요소를 다채롭게 만듭니다. 궁극적으로는 건전한 사회를 만드는데 교육이 큰 도움이 되죠. 이런 교육이 하루 빨리 이뤄지길 기원합니다. 그러기 위해서는 물론 비판적 사고력을 바탕으로 문제를 정확하게 진단하여 해결책을 만드는 사람들이 많아져야 할 것입니다.

❖ 논리학, 탐구의 이론

비판적이라는 말은 대개 부정적으로 인식됩니다. 진행되는 일에 브레이크를 걸고, 상대방의 꼬투리를 잡는다는 이미지가 있기 때문입니다. 실제로 학교에서 질문을 많이 하는 학생의 경우 급우들로부터 따돌림을 당할 가능성이 높습니다. 쓸데없이 나서며 잘난 척을 한다는 이유에서입니다. 그렇기 때문에 질문을 하고 싶은 학생들은 쉬는 시간을 찾아가서 몰래 물어보거나 이마저도 여의치 않으면 인터넷을 검색하며 궁금증을 해결합니다.

하지만 저는 비판적 사고력이 부정적인 것만은 아니라는 사실을 강조하고 싶습니다. 이 능력은 기존의 체제를 근본적으로 뒤흔들 수도 있지만 새로운 기준을 제시해주기도 합니다. 그렇다면 긍정적으로 작용하는 비판적 사고력을 향상시키기 위해 우리에게 필요한 것은 무엇일까요?

비판적 사고력을 올바른 방식으로 활용하기 위해 필요한 것은 '논리를 이해하는 일' 입니다. 생각한 것을 올바른 형식에 의거하여 끌어내지 못한다면 이는 머릿속에만 남는 공허한 상상이 될 것입니다. 저는 이 문제를 해결하기 위해 참고해야 될 사람으로 존 듀이를 꼽고 싶습니다. 기능심리학을 주장하며 미국의 학교제도에 막대한 영향을 준 교육학자인 듀이는 "모든 과학적 발견은 새롭고 뻔뻔한 상상력으로부터 나온다 (Every great advance in science has issued from a new audacity of imagination)."라는 말을 남기며 우리에게 비판적 사고와 창의력을 강조했습니다. 이를 자세히 알 수 있는 그의 저서는 '논리학 - 탐구의 이론' 입니다. 그는 책에서 사고력을 다음과 같이 정의하고 있습니다.

"모든 사고는 불확실한 것을 명확한 것으로 바꾸는 노력, 곧 탐구이며 논리를 통해 모든 분야에서의 탐구규범을 분명히 할 수 있다."

앞의 말을 종합해보면 논리학은 '의심이 가는 현상을 끊임없이 탐구하여 이에 대한 법칙을 수립하는데 필요한 학문' 입니다. 법칙이 세상에서 인정받기 위해서는 모두의 공감을 이끌어내야 합니다. 만약 이 때 누군가가 다른 사람들이 생각하지 못한 독창적인 방법으로 법칙을 정리할 수 있을 경우 우리는 그 사람을 창의적인 인재라고 말합니다. 자신만의 경험으로 남들이 생각하지 못하는 것을 떠올릴 수 있는 사람은 자연스럽게 상대적으로 우위에 있게 됩니다. 이처럼 논리학은 생각하는 방법과 관련이 있습니다.

혈관봉합술과 장기이식에 대한 연구로 1912년 노벨상을 수상한 프랑스의 의학자 알렉시 카렐은 '관찰하지 않은 채 생각에만 몰두하면 실수가 많아진다. 그러므로 진리를 찾으려면 이와 정확히 반대로 해야 한다'라는 말을 남겼습니다. 이 말은 논리적으로 생각하려면 의문이 나는 현상을 오랫동안 관찰해야 한다는 사실을 의미합니다. 관찰은 정보를 모으는 과정입니다. 너무 많은 정보는 머리를 혼란스럽게 만들지만 연구자가 스스로 선별한 것들을 관찰하며 얻은 정보의 경우 비판적 사고력을 향상시키는데 도움이 됩니다.

저는 문제해결에 필요한 가장 중요한 능력으로 논리에 근거한 비판적 사고력을 꼽고 싶습니다. 물론 비판적 사고력만으로 문제를 해결할 수는 없습니다. 데일 카네기가 인간관계론에서 강조했던 것처럼 사람들은 논리보다는 자존감을 더 중요하게 생각합니다. 저는 그렇기 때문에 비판적인 사고를 하는 사람들에게 사람을 따뜻하게 만드는 힘이 있어야 한다고 생각합니다. 이는 다른 사람들에게 반감을 갖지 않도록 하면서도 자신의 생각을 효과적으로 전달하는데 꼭 필요한 요소입니다.

❖ 능동적 삶을 결정하는 키워드, 질문!

꿈이 없는 사람들은 대부분 똑같은 일상을 살아갑니다. 주어진 일을 하긴 하지만 이를 통해 자신에게 도움이 되는 무언가를 만들어내지 못하는 것이죠. 이런 분위기는 전염성이 있기 때문에 오늘날 자신의 꿈을 지키며 이를 이루기 위해 노력하는 자세는 우리가 최우선적으로 생각해야 할 중요한 요소가 되었습니다. 누구도 대신 내 인생을 살아주지 않기 때문에 수동적인 태도보다는 능동적인 태도가 훨씬 도움이 됩니다.

그런데 문제는 이런 능동적인 삶의 방식이 한국에서는 유지하기가 어렵다는 데 있습니다. 일례로 기업에서는 입사 지원자들에게 자사의 기준에 맞춰진 다양한 스펙을 요구합니다. 학점, 어학점수, 해당 직무 인턴경험, 공모전 수상경력도 모자라 요즘에는 인문학적 소양을 측정한다는 명목 하에 한국사 시험까지 실시합니다. 인문학의 특성인 다양성을 존중한다는 모토에 비교해 볼 때 이는 좀 어폐가 있습니다. 모든 방식이 하나의 기준으로 평가되기 때문입니다. 바로 수치화 된 성적이죠.

비판적인 사고가 습관화 된 사람은 자신이 이런 상황에 처해있을 때 '왜 이렇게 해야만 하는 것일까?' 라는 의문을 가질 것입니다. 만약 그 가운데 나름대로의 해답을 찾게 된다면 그 사람은 인생을 살아가는데 필요한 원동력을 얻을 수 있습니다(이 말을 꼭 사업을 해야 한다는 것으로 오해하지 않으셨으면 합니다).

세상은 끊임없이 변합니다. 우리가 변하지 않으면서 세상이 불합리하다고 비난하는 것은 그다지 효율적인 게 못됩니다. 내가 하고 있는 일을 더 발전시키는데 도움이 되는 비판적 사고력을 갖기 위해 노력해보는 것은 어떨까요? 앞서 언급된 사례들을 바탕으로 이 능력을 갖추기 위해 노력한다면 우리의 성공 가능성이 한층 더 높아질 것입니다.

제 1 장　배움의 길은 어디에 있을까?

제6원칙

남들과 다른 생각을 하라

❖ 남들과 다르면 천재?

서번트 신드롬이라는 말이 있습니다. 자폐증이나 지적장애를 갖고 있는 사람들 중 극히 일부에게서 발현되는 현상으로 특정 부분에 한해 경이적일 정도의 천재성을 보이는 것을 의미하는 이 개념은 이미 방송을 통해 우리에게 잘 알려져 있습니다. 항공기에서 슥 바라본 도시의 전경을 며칠 뒤에 한 치의 오차도 없이 정확하게 화폭에 옮기는 스티븐 윌트셔나 책 9000권을 완벽하게 외우고, 1권을 읽는데 7~8초 정도밖에 걸리지 않는 천재적인 두뇌의 주인인 킴 픽이 대표적인 사례입니다.

그런데 여기서 생각해 볼 점이 있습니다. 이들이 만들어 낸 예술작품과 음악이 얼마나 쓸모가 있는지의 여부입니다. 물론 이들이 보이는 천재성은 학계에서 귀하게 다루어야 할 보물같은 사례입니다. 허나 이렇게 만들어 낸 예술작품이 세상에서 의미가 있느냐는 질문에 긍정적인 대답을 하기는 좀 어렵습니다. 단순히 천재적인 능력만으로 세상에 의미있는 무언가를 만들어 낼 수는 없기 때문입니다. 저는 진정한 천재라면 번뜩이는 재능을 바탕으로 세상에 실용적인 무언가를 만들어 낼 능력이 있어야 한다고 생각합니다.

천재와 바보의 공통점은 일반인과 다른 독창적인 사고방식을 지녔다는 것입니다. 생각이 일관되지 않고 이리저리 건너뛰죠. 그래서 보통 사람이 이들과 이야기를 하게 되면 대화의 맥락을 잡기 어려운 경우가 많습니다. 그런데 이런 환경에서 천재와 바보를 가르는 결정적인 기준이 발견됩니다. 천재는 요동치는 생각의 꼬리를 붙잡아 자신의 발전에 도움이 되는 방향으로 활용하는 반면 바보는 그저 떠오르는 아이디어를 흘려보내기 바쁩니다.

엉뚱한 것을 쓸모 있는 것으로 만들기 위해 무엇이 필요할까요? 저는 그에 대한 대답으로 '생각을 실제로 구현하기 위한 아이디어와 실행력'이라고 말씀드리고 싶습니다. 글을 잘 쓰려면 컴퓨터 자판기 앞이나 종이 앞에서 끊임없이 생각하고 글을 써봐야 합니다. 그러나 이것만으로는 충분하지 않습니다. 자신의 생각을 창의적으로 대중에게 내어놓는 능력이 필요하죠. 이 때 모두가 알고 있는 이야기를 하는 것보다는 자신의 경험이 담겨 차별성이 있는 생각을 내놓는 것이 훨씬 더 유익합니다. 남들과 다른 생각을 해야 되는 것이죠.

❖ 세상을 사랑하는 천재

노무현 대통령은 '모든 일은 사람을 위한 것이어야 한다' 는 생각을 갖고 있었습니다. 국정을 운영할 때나 업무를 개선하는데 필요한 아이디어를 낼 때도 이런 생각은 그대로 반영되었습니다. 남들과 다른 생각을 바탕으로 일을 진행하며 이로 인해 생길 유익함을 항상 생각했던 것이죠. 조금만 살펴보면 관련된 사례는 아주 많습니다.

그 중 첫 번째는 고시생 시절 공부에 불편함을 느껴 만든 '개량 독서대' 입니다. 바닥에 앉아 책상다리를 한 채 공부를 해야 했던 그 당시 학생들의 상황에 맞게 고안된 물품이었죠. 노무현 대통령은 1974년 10월에 개량 독서대의 실용신안과 의장등록을 마치고 지인에게 500만원을 빌려 호기롭게 사업을 시작했지만 결과는 아쉽게도 실패로 돌아갔습니다. 발상은 좋았으나 사업화에 어려움이 있었기 때문입니다. 허나 그가 발명했던 독서대는 특허청에 2008년 3월까지 전시되면서 많은 사람들의 감탄을 자아내기도 했습니다. 대통령이 발명도 한다는 사실에 많은 사람들이 그의 다른 면모를 확인했을 것입니다.

데이터를 바라보는 시선도 남들과 달랐습니다. 90년대 초반부터 IT 분야에 흥미를 가지며 독학으로 리눅스 프로그램을 공부한 뒤 정치인을 위한 인맥관리 프로그램 '한라 1.0'을 직접 개발한 것이 대표적인 사례입니다. 1998년에는 이 시스템을 업그레이드 시켜 '노하우 2000'이라는 이름으로 내놓기도 했죠. 심지어 청와대 통합업무관리 시스템인 이지원(e知園) 프로그램의 특허권자에도 당당히 이름을 올리고 있을 정도로 그는 새로운 것을 만들어내는 걸 좋아했습니다.

그가 이토록 데이터에 집착한 이유는 앞서 살펴본 동북아역사재단과 그 궤를 같이 합니다. 과거의 사례는 미래를 살아갈 지식을 얻는데 큰 도움이 됩니다. 또한 과거는 남들과 다른 창의적인 생각을 하는데 꼭 필요한 조건이기도 합니다. 사람이 다른 동물과 차이를 보이는 이유는 바로 사람만이 '전승된 지식으로 새로운 것을 만들어 낼 수 있기 때문' 입니다. 노무현 대통령은 현대를 살아가는 우리에게 주변의 데이터를 효율적으로 관리하는 일의 중요성을 지속적으로 강조했습니다.

저 역시도 그의 의견에 공감합니다. 글을 쓰는 작가인 제게도 데이터는 매우 중요합니다. 유명한 사람들의 문구, 책을 읽고 기억에 남았던 문장, 특정 주제와 관련된 기사, 해외의 사례집 및 논문 등 참고해야 할 자료가 많기 때문입니다. 만약 제가 이런 데이터를 필요할 때마다 찾는 다면 작업의 효율이 매우 낮아질 것입니다. 그렇기 때문에 저 역시도 틈 날 때마다 신문기사를 스크랩하고 해외의 자료를 제 컴퓨터에 저장합니다. 이 자료에 태그를 입력하여 주제별로 분류해두면 나중에 필요할 때 요긴하게 활용할 수 있습니다.

남들과 다른 생각이 세상에 도움이 되는 이유는 무엇일까요? 만약 모든 사람이 똑같은 방식으로 생각한다면 세상은 발전하지 않을 것입니다. 다른 생각은 대립을 낳기도 하지만 세상을 발전시키는 씨앗이 되기도 합니다. 사람이 처음 모습을 드러낸 선사시기와 지금의 생활이 전혀 다른 것이 대표적인 사례입니다. 만약 모든 사람의 생각이 똑같았다면 지금 우리가 사는 모습은 원시시대의 그들과 크게 다르지 않았을 것입니다.

사람들은 남들과 다른 방식으로 생각하기 위해 필요한 능력을 창의력이라고 부릅니다. 그렇다면 창의력은 어떤 방식으로 생기는 것일까요? 사실 창의력을 발휘하는 방식은 사람마다 다릅니다. 그러나 유명했던 사람들의 사례를 살펴보며 배울 수 있는 점을 찾아본다면 그 자체로도 우리에게는 큰 의미가 될 것입니다.

❖ 올바른 학습키워드, 관찰과 분석

창의력 하면 빼놓을 수 없는 인물이 있습니다. 바로 레오나르도 다빈치입니다. 다빈치는 천재적인 재능을 뽐내며 모나리자, 최후의 만찬 등의 작품을 남긴 르네상스 시기의 인물로 우리에게 잘 알려져 있습니다. 이뿐만 아니라 그는 해부학, 철학, 과학, 수학, 음악 등에도 조예가 깊었습니다. 그에게 가장 잘 어울리는 단어는 아마 '팔방미인'일 것입니다.

그렇다면 다빈치는 어떤 방식으로 공부했던 것일까요? 그가 세상에 내보인 뛰어난 능력 때문인지 사람들은 그의 학습방법을 평범한 사람들이 모방하기는 힘들 것이라고 생각합니다. 천재에게는 우리와 다른 DNA가 있다고 생각한 것일까요? 솔직히 말해 우리가 그를 생각했을 때 떠오르는 이미지는 '범접할 수 없는 천재'라는 사실을 부인하긴 어렵습니다.

그런데 의외로 다빈치는 우리의 생각과 달리 주류 엘리트 코스에서 이탈한 지식인이었습니다. 라틴어를 읽고 쓰지 못했기 때문에 당시에 지식인들이 꼭 익혀야 했던 다양한 과목(신학, 윤리학 등)을 제대로 배우지 못했기 때문입니다. 열정이 있었음에도 공부를 할 수 없었던 상황을 타개하기 위해 다빈치가 선택한 방법은 자연에서 배우는 것이었습니다. 그는 자연에 있는 사물 및 현상의 구동원리에 관심을 가졌고 이런 성향은 그가 기존의 지식인들이 걷지 못한 새로운 길을 걷는데 크게 일조했습니다.

다빈치가 활용했던 방법은 끊임없는 관찰을 통해 도출한 일반적인 성질을 자신의 기술에 적용시키며 지식을 확장시키는 것이었습니다. 물을 꾸준히 살핀 뒤 이를 머리카락에 비유하며 물의 무게와 양 그리고 굽이치는 방향에 따라 움직임에 차이가 있다는 사실을 발견하는 것과 동시에 모든 물질에 에너지의 패턴과 힘이 작용하는 방향이 있을 것이라는 가설을 떠올립니다. 영국 런던 대학교 버크백 칼리지의 줄리아나 바론 박사는 그의 이런 성향을 다음과 같이 말하고 있습니다.

"다빈치는 화가라면 자연을 관찰하고 연구해서 그 법칙을 이해해야 한다고 생각했어요. 일단 자연의 법칙을 이해하면 그걸 화폭에 담아 자연을 재현할 수 있다고 믿었죠."

자연의 모든 현상에는 나름대로의 원리가 있다는 사실을 깨닫게 된 이후 다빈치는 그림을 그리기 위해 빛의 성질을 연구하고, 해부학과 물리학에 관심을 가지는 등 지적 호기심의 영역을 확장시킵니다. 그가 이토록 공부에 몰입했던 이유는 자신이 하고 있는 일에 필요한 지식을 익히기 위해서였습니다. 만일 제가 다빈치의 입장이었다면 공부를 하는 이유를 다음과 같이 말했을 것 같습니다.

"예술가란 이미 존재하고 있는 진실의 원리를 파헤쳐 그대로 드러내야 해요. 그런 노력과 진정성이 자연스럽게 작품으로 연결되는 거죠."

진실의 원리를 파헤치기 위해서는 다양한 방법으로 생각할 수 있는 힘이 필요합니다. 또한 이를 다른 사람들이 보았을 때 감탄할 만한 무언가로 만들어 낼 수 있어야 합니다. 이는 예술가를 포함한 우리 모두에게 해당하는 말입니다. 독창적인 생각을 기반으로 다른 사람들이 공감할 수 있는 무언가를 만들어 낼 수 있는 힘, 우리는 이를 창의력이라 부릅니다. 다빈치가 창의력을 발휘하며 시대를 대표하는 지식인이 될 수 있었던 원인은 당시의 지식인들이 사용했던 방법에서 벗어나 새로운 체계를 구축했기 때문입니다.

❖ 남들과 다른 생각을 어떻게 활용해야 하는가?

창의성을 발휘하는 천재가 되어야만 세상을 잘 살아갈 수 있을까요? 개인의 발전을 위해서라면 천재가 되는 것이 맞지만 모두가 알고 있는 바와 같이 그 과정은 만만치 않습니다. 열심히 노력해도 잘 안 되기 때문에 지쳐 포기하는 경우도 많죠. 그렇다면 우리의 환경을 바꾸기 위해서 필요한 것은 무엇일까요?

원하는 바를 이루기 어렵다고 해서 목표를 작게 수정하는 것은 바람직하지 못합니다. 성취 전문가들은 이런 상황에서 우리에게 목표를 이루기 위한 세부적인 체크포인트를 설정하라고 말합니다. 만약 누군가가 100만부가 팔린 베스트셀러작가가 되길 원한다면 그 단계를 '책 출간 - 판촉 (판매량 증가) - 강연을 통한 인지도 상승 - 지속적인 책 출간' 등으로 나누라는 것이죠. 창의력을 발휘하는 과정도 이와 비슷합니다. 처음부터 세상을 바꾸는 거대한 아이디어를 만들어내기란 현실적으로 어렵습니다. 주변을 바꾸기 위해 무엇이 필요한지 5분만 생각하는 등의 실천지침을 마련하며 작은 것부터 시작한다면 주변의 환경을 바꾸며 궁극적으로는 독창적이면서도 생산적인 아이디어를 만들어 낼 수 있을 것입니다. 그렇다면 어떤 방식으로든지 성과는 나게 되어있죠. 앞서 말씀드렸던 방식으로 데이터를 구축하는 작업을 함께 진행한다면 성과는 훨씬 더 커집니다.

사전에서 말하는 천재의 정의는 '선천적으로 타고난, 남들보다 훨씬 뛰어난 재주 혹은 그런 재주를 가진 사람' 입니다. 그럼에도 불구하고 저는 천재가 선천적으로 타고나는 것이 아니라고 생각합니다. 아무리 하늘이 뛰어난 재능을 주어도 이를 받아들일 수 있는 사람과 그렇지 못한 사람이 나오기 때문입니다. 저는 천재를 '하늘의 재능을 받아들여 자신과 세상에 유익한 것을 독창적인 방식으로 만들어내는 사람' 이라 정의하고 싶습니다. 세상에 도움이 되는 일을 하려면 세상에 없으면서도 나왔을 때 유익한 것을 만들어 낼 능력이 있어야 합니다. 이는 곧 '남들과 다른 생각을 발현해내는 능력' 인 창의성과 관련이 있습니다. 노무현 대통령을 비롯하여 세상을 바꾼 사람들은 모두 자신의 생각을 세상에 드러내며 어떤 방식으로든 이곳을 아름답게 만들기 위해 노력했습니다. 지금 여러분들은 어떠신가요? 어떤 생각을 하며 세상을 살아가고 있는지 한 번 돌이켜 보는 것은 어떨까요?

제2장
뿌리 깊은 나무는 어디에 있는가?

제 2 장 뿌리 깊은 나무는 어디에 있는가?

제7원칙

자유에는
책임이
따른다

❖ 고대와 현대의 자유

 사람들 대부분은 누군가가 간섭하는 것을 매우 싫어합니다. 자신이 원하는 방식으로 일을 해야 마음이 편하기 때문입니다. 그런데 따지고 보면 간섭하는 사람의 입장에서도 할 말이 있습니다. 이들은 자신이 우리의 일에 간섭하는 이유를 관심이라고 말합니다. 이 글을 읽고 있는 여러분들은 모두 이런 경험을 해 보셨을 것입니다. 살면서 크고 작은 갈등을 겪는 것이죠. 하지만 아쉽게도 사람들 대부분은 자유를 누리고 싶어 합니다. 또한 이를 통해 행복을 추구하려는 확고한 목적의식을 갖고 있습니다.

 우리가 이런 방식으로 생각해 볼 수 있는 자유는 사실 고대 사회에서는 생존과 직결되는 중요한 문제였습니다. 생활을 유지하는데 필요한 농사를 지을 수 있는 권리, 꿈을 찾아 다른 곳으로 이동하며 견문을 넓히도록 도와주는 권리처럼 당연하게 제공되어야 할 자유도 이 시기의 사람들은 쉽게 누리지 못했습니다. 영주의 밑에서 일했던 농노를 생각하면 아마 그 이유를 쉽게 짐작할 수 있을 것입니다.

 반면에 현대는 예전과 자유에 대한 의미가 완전히 달라졌습니다. 이전 시대의 자유가 기본적인 인권과 관련이 있을 정도로 심각한 문제였다면 지금은 개인의 자아실현을 위한 선택적 요소의 성격이 짙기 때문입니다. 주변에서는 내가 무엇을 하든 간섭하지 않습니다. 그러나 결국 그 선택에 대한 결과는 내가 온전히 받아들여야 할 몫으로 남게 되었습니다.

이런 상황에서 우리에게 가장 필요한 것은 미래를 생각하며 내가 지금 할 수 있는 가장 현실적인 일이 무엇인지 고민하는 자세입니다. 아쉽게도 우리에게는 미래를 진지하게 살펴볼 여유가 없습니다. 흘러가는 시간을 어떻게 써야 할지에 대한 기초적인 가이드라인도 없죠. 자유라는 단어에 대해 깊이 생각해 볼 시간적 여유도 애석하지만 현재로서는 많지 않습니다.

자유는 좋은 것일까요? 나쁜 것일까요? 어떤 대답을 도출해내던 우리는 자유라는 개념을 다양한 시선으로 살펴보아야 할 필요가 있습니다. 사람들은 원하는 모든 것을 할 수 있는 자유가 있지만, 실제로 원하는 모든 것을 하지 못합니다. 금전적인 문제, 시간 및 주변과의 관계 등 다양한 요인이 산재해 있기 때문입니다. 이런 상황에서 우리는 어떤 것들을 생각해야 할까요?

✣ 대통령은 욕먹기 위해 있다?

"대통령을 욕하는 것은 민주사회에서 주권을 가진 시민의 당연한 권리입니다. 대통령을 욕함으로써 주권자가 스트레스를 해소할 수 있다면, 저는 기쁜 마음으로 들을 수 있습니다."

앞의 말은 노무현 대통령이 자유를 어떻게 생각하는지 단적으로 보여주는 대표적인 사례입니다. 높은 위치에 있는 사람이라면 대개 자신을 향해 쓴 소리를 하는 사람을 멀리하고 심지어는 위해를 가하기까지 합니다. 심지어는 자유가 보장되어야 하는 언론을 조작하여 자신에게 유리한 내용만 방송하도록 만들기도 합니다. 허나 나치의 사례나 공산주의 체제의 사례와 같이 소통이 없는 일방적인 전달은 득보다 실이 많습니다. 얼마 동안은 이런 전략이 통할 수 있지만 시간이 지나면서 조금씩 주변 환경을 의심하는 사람이 생겨나기 때문입니다. 이런 사람들의 입을 모두 막을 수는 없죠.

특히 요즘처럼 SNS가 발달한 사회에서 이는 거의 불가능에 가깝습니다. 2011년에 이집트에서 진행되었던 무바라크 퇴진운동이 대표적인 사례입니다. 혁명이 진행된 1월 27일 이집트 정부는 SNS와 블랙베리 메시지 서비스, 트위터와 페이스북에 접근하는 IP를 모조리 차단하며 자국에서 일어나고 있는 일을 철저하게 숨겼습니다. 그러나 이런 노력은 효과가 없었습니다. 이집트인들은 전세계의 핵티비스트(정치참여적 성향이 짙은 해커집단)들의 도움을 받아 토르(Tor, 익명 IP 네트워크) 프록시, 스마트폰 테더링, 지상선을 통한 전화 접속 모뎀 등 다양한 방법으로 차단을 우회해 인터넷, 팩스, 대학이나 대사관, 심지어 아마추어 무선까지 동원하여 국제적 통신을 시도했습니다. 덕분에 세계인은 이집트 정부가 저지른 만행을 거의 실시간으로 지켜볼 수 있었습니다. 그런 면에서 앞서 소개한 노무현 대통령의 말은 우리에게 많은 것을 시사하고 있습니다.

이처럼 기본적으로 자유는 허용되어야 마땅하지만 이것이 지나치면 방종이 됩니다. 사람들에게 피해를 주는 가치가 된다는 의미입니다. 노무현 대통령은 '관용은 용서와 다릅니다' 라는 칼럼에서 이에 대해 다음과 같이 말하고 있습니다.

'우리말 사전에는 관용이라는 말이 '남의 잘못을 너그럽게 받아들이거나 용서함'이라고 되어 있습니다. 브리태니커 백과사전의 정의는 '참다라는 뜻의 라틴어 tolerare에서 온 말. 다른 사람들에게 행위나 판단의 자유를 허용하는 것', 이렇게 되어 있고, 옥스퍼드 사전에서는 '권위적인 명령에 의한 간섭과 방해를 받지 않고 행동할 수 있도록 허용되는 것', '어떤 것에 대하여 강력하게 반대하면서도 용납하는 것', '국가의 정책으로 사회의 여러 차원에서 다양성을 허용하는 것' 이렇게 되어 있습니다.'

앞의 글은 우리가 관용을 어디까지 허용해야 하는지에 대해 논의하고 있습니다. 다른 사람들에게 피해를 주면서까지 자유를 누리는 것을 우리는 허용해야 할까요? 노무현 대통령은 만일 그렇게 하면 국가의 근본인 민주주의까지 흔들릴 수 있다고 강조하며 독일의 바이마르 공화국이 나치에게 무너진 사례를 언급했습니다.

자유의 힘은 수많은 사람들의 의지에서 나옵니다. 그러나 이런 힘이 어떻게 해야 효과적으로 발휘될 수 있을 것인지에 대한 문제는 진지하게 고려되어야만 합니다. 노무현 대통령은 그 출처를 대중이라고 생각했습니다. 기업을 예로 들어보겠습니다. 기업을 바꾸는 힘은 위에서 밑으로 하달되는 방식보다는 밑에서 모인 의견이 위까지 도달할 때 더 커집니다. 전자의 경우 힘있는 사람의 의견만이 반영될 수 밖에 없다는 점에서 모순이 많습니다. 저는 자유를 지극히 개인적인 개념이라고 생각합니다. 자유는 누군가의 통제하에 행해져서도 안 되고 온전히 자신의 발전을 위해서 쓰여야만 합니다. 결국 이런 행위는 사회를 구성하는 개인을 갉아먹는 좀벌레가 됩니다. 물론 이에 대한 책임을 스스로가 진다는 전제는 반드시 포함되어야 합니다.

❖ 노자가 이야기하는 자유의 의미

동양에서 자유를 말할 때 사람들의 뇌리에 무의식적으로 떠오르는 사람이 있습니다. 바로 노자입니다. 노자는 도가의 창시자로 무위를 강조한 인물입니다. 그의 가르침을 추종하는 사람은 많습니다. 저 역시도 그의 작품을 보고 많은 것을 깨달았고 이를 삶에서 실천하고 있죠.

저는 자유를 생각하는데 도움이 되는 고전으로 노자의 '도덕경'을 추천하고 싶습니다. 자연에 순응하는 무위의 삶을 강조한 작품으로 혹자는 이 책이 세상을 관통하는 원리를 품고 있다고 말하기도 합니다. 물론 그만큼 읽기 어렵고 해석도 다양합니다. 하지만 인내심을 갖고 집중한다면 얻을 수 있는 것이 정말 많기 때문에 많은 이들의 사랑을 받고 있습니다. 특히 저는 도덕경을 읽으면서 무위에서 비롯된 자유에 관해 많은 생각을 하게 되는데 이와 관련된 부분인 도덕경 9장을 여러분들에게 소개하고자 합니다. 해석은 최진석 교수님이 쓴 '노자의 목소리로 듣는 도덕경'의 것을 참고하였습니다.

계속 채우려 드는 것보다는
멈추는 것이 더 낫고,
잘 다듬어 예리하게 하면 오래 갈 수 없다.
온갖 금은보화를 집안 가득 채우지만

그것을 지킬 수가 없고
부유하고 높은 자리에 있다 하여 교만하면
스스로 허물을 남기는 꼴이다.
공이 이루어지면 물러나는 것이
자연의 이치이다.
_도덕경 9장

저는 이 내용을 읽으며 너무 많은 자유는 사람을 해롭게 할 수도 있다는 메시지를 떠올렸습니다. 무언가를 계속하며 자신의 잔을 채우는 사람의 목적은 자신의 욕망을 충족시키는 것입니다. 하지만 과도한 욕심은 화를 부릅니다. 도덕경 9장에서 언급된 금은보화를 지키고 자리를 보전하는 행위는 인위적인 현상입니다. 억지로 무언가를 유지하려는 태도는 과연 옳은 것일까요? 공이 이루어지면 물러나는 것이 자연의 이치입니다. 공이 이루어졌는데도 물러나지 않는다면 새로운 것을 만들어낼 동력을 잃고 기존의 것에서 비합리적인 현상들이 생겨나기 시작합니다. 저는 이를 암에 비유하고 싶습니다. 초기에 바로 잡으면 쉽게 고칠 수 있는 것이 나중에는 걷잡을 수 없을 정도로 사태를 심각하게 만들기 때문입니다. 공이 이루어졌을 때 우리가 가장 조심해야 할 점은 책임지지 않는 자유가 생겨나는 것입니다. 이는 언젠가 반드시 그 사람에게 해가 될 것입니다. 도덕경 24장에도 이와 관련된 내용이 있습니다.

발 뒤꿈차를 들고 서 있는 사람은
오래 서 있지 못하고,

큰 걸음으로 걷는 사람은
오래 걷지 못한다.
자신의 관점으로 보는 사람은
진정한 인식에 도달하지 못하고
자신이 옳다고 하는 사람은
빛나지 못하며,
자신을 드러내는 사람은
공을 차지하지 못하고,
자신을 내세우는 사람은
지도자가 되지 못한다.
도의 관점에서 보면 이것들은
남은 밥이나 군더더기 같은 행위에 불과하다.
만물은 이런 것들을 싫어한다.
그러므로 도를 체득한 자는 이렇게 하지 않는 것이다.
_도덕경 24장

뒤꿈치를 들고 서 있는 것도 큰 걸음으로 걷는 것도 결국은 내 선택에서 나온 것입니다. 우리는 자유를 통해 모든 것을 할 수 있다고 생각하지만 그로 인해 우리에게 돌아오는 피드백은 크게 생각하지 않습니다. 도덕경 24장은 자신을 드러내며 무언가를 하는 사람의 성취가 낮다는 사실과 자연스럽지 않은 행위가 만났을 때 일어나는 현상을 자세하게 설명하고 있습니다. 이 장에서 강조하는 것은 인위적인 것을 배제하고 자신을 낮추며 겸손해야 한다는 점입니다. 더 생각을 확장시켜 본다면 우리가 현명하게 살기 위해서는 항상 이 진리를 마음속에 새기고 있어야 합니다. 그렇다면 우리가 해야 할 것은 무엇일까요? 우리는 살면서 어떤 선택을 해야 하는 것일까요?

❖ 자유가 주어진 진정한 목적

따지고 보면 자유로운 사람들은 할 수 있는 것이 많습니다. 공부, 운동과 같은 긍정적인 부분도 있고 도박이나 마약 등의 부정적인 것들도 있죠. 물론 이 모든 자유가 세상에서 허용되는 것은 아닙니다. 사람이 자유를 누릴 수 있으려면 타인에게 피해를 주지 않으면서도 자신에게 이득이 되어야 합니다. 마음대로 운전해서 차사고를 내는 경우나 약속을 펑크내며 상대방에게 불쾌한 감정을 불러일으키는 경우를 상상해봅시다. 비록 내가 하고 싶은 것을 했다고 할지라도 상대방은 그렇지 않습니다. 그렇기 때문에 철학자들은 자유를 어디까지 허용해야 하는지에 대한 부분을 끊임없이 고민했습니다. 그 결과로 우리에게 가장 잘 알려진 것은 존 스튜어트 밀의 '자유론' 입니다.

우리에게 자유가 주어진 이유는 무엇일까요? 저는 그 이유를 다른 사람들에게 유익한 무언가를 주기 위해서라고 생각합니다. 우리는 매 순간을 소중하게 생각하고 자신을 항상 돌아보는 자세를 지녀야 합니다. 또한 이렇게 생긴 자유로운 시간을 헛되이 낭비하지 않도록 끊임없이 자신을 갈고 닦아야 합니다.

서두에 말씀드렸던 대로 우리가 누리고 있는 자유는 치열한 투쟁을 통해 쟁취한 것입니다. 여성의 참정권, 노동자의 인권, 식민지배를 받는 민족의 삶 등 생각해보면 그 예시는 무수히 많습니다. 자유에는 책임이 따릅니다. 자유로운 환경의 수혜자인 우리는 자유를 건전하고 올바르게 누릴 책임이 있습니다. 물론 정책을 결정하는 사람의 경우에는 국민들을 위해 자유로운 환경을 만들어야 하는 의무와 책임이 있죠. 아마 거의 대부분의 사람들은 전자에 해당할 것입니다. 우리가 자유를 어떤 방식으로 누려야 할지 생각해봅시다. 그 가운데 내가 살아야 할 인생이 보일 테니까요. 이는 삶 전반에 걸쳐 매우 중요한 부분입니다.

제 2 장　뿌리 깊은 나무는 어디에 있는가?

제8원칙

오래된 관습을 타파하라

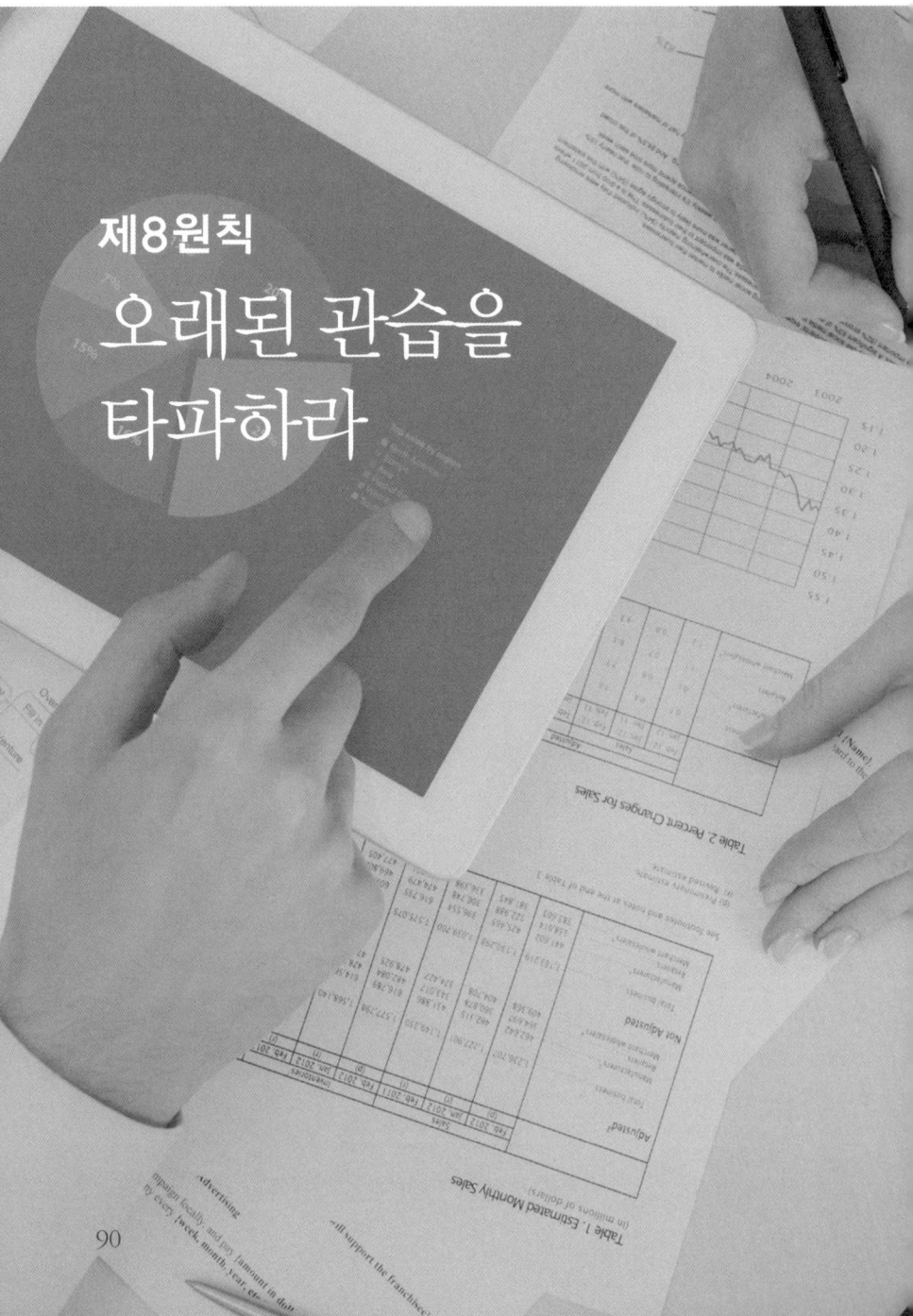

❖ 명품의 가치는 어떻게 결정되는가?

TV 프로그램 '진품명품'을 보면 우리가 쉽게 접할 수 없는 귀한 물건이 나옵니다. 오래된 것은 대개 가치가 높습니다. 시청자는 패널들이 물건의 가치를 평가하는 것을 보며 자신의 기준으로 물품의 가격을 같이 매길 수 있습니다. 애석하게도 물건의 가격 대부분은 패널이 예상한 것과 많이 다릅니다. 이는 그 물품을 보는 기준이 다르기 때문입니다. 전문가에게는 일반 패널이 갖추지 못한 뛰어난 안목이 있습니다.

그러나 오래되었다고 해서 무조건 좋을 것이라는 생각은 옳지 않습니다. 우리 주변을 살펴보면 이를 쉽게 알 수 있습니다. 사람들은 이전부터 전해져 오는 낡고 그릇된 습관인 인습과 사람을 생각하는 아름다운 전통을 동시에 보존하는 성향이 있습니다. 둘 중 인습이 많다면 사회는 피폐해질 것이고 전통이 많다면 사회는 건강해질 것입니다. 우리 주변에는 전통과 인습 중 무엇이 더 많을까요?

애석하게도 사람들은 전통과 인습을 잘 구분하지 못하고 오히려 인습을 보존하는 경향이 있습니다. 매년 3월이 되면 꼭 한 번은 터지는 대학 새내기 사망소식이 대표적인 예입니다. 안타까운 상황인데도 적극적으로 행동을 하는 사람의 수는 상대적으로 적습니다. 이는 올바른 것을 바라보는 우리의 기준이 조금씩 사라지고 있기 때문입니다. 이 문제를 해결하려면 나쁜 습관보다는 좋은 습관에 노출되는 빈도가 많아져야 합니다. 오래되어 낡은 관습은 버리고 유익한 규칙을 삶의 지표로 삼아야 하죠.

벤자민 프랭클린은 '당신의 가치는 좋은 습관으로 생기는 이득에서 나쁜 습관으로 생기는 악영향만큼을 뺀 값과 같다'라는 말을 남겼습니다. 이 말이 우리에게 시사하는 바는 '좋은 영향을 줄 수 있는 방안을 생각하고 자신의 나쁜 점을 끊임없이 의식하며 스스로를 채찍질해야 한다는 것'입니다.

영어 단어나 시험에 필요한 개념을 쓰면서 외우는 일명 깜지가 공부에 효율적이지 않은 이유는 우리의 뇌가 익숙한 것을 기억하지 않으려는 성향 때문입니다. 글을 쓰며 암기를 하면 익숙한 손놀림에 기반한 움직임 자체를 뇌가 기억하고 더 이상 새로운 것을 받아들이려는 자극을 주지 않습니다. 관습의 경우에도 사람들의 이런 논리가 그대로 작용할 여지가 많이 있습니다. 그것이 좋은 습관이든 나쁜 습관이든 이전부터 이어져 내려온 것이라면 사람들은 대부분 이를 그대로 수용합니다. 그러나 우리는 이런 태도를 지양해야 합니다. 좋은 것은 받아들이고 나쁜 것은 걸러내는 것이죠. 이에는 오래된 관습도 포함됩니다.

❖ 눈 먼 돈은 없어져야 한다

저는 노무현 대통령이 오래된 관습을 타파하려 노력했던 사례 중 하나로 '특별교부세 폐지 시도'를 들고 싶습니다. 그는 대통령 당선 직후인 2003년 1월 인수위원회 회의에서부터 특별교부세 폐지에 대한 강력한 의지를 표명했습니다. 그렇다면 그가 이토록 없애고 싶어했던 특별교부세는 무엇일까요? 특별교부세는 국가의 재원이 부족한 지방자치단체에게 교부하는 예산인 보통교부세를 산정할 당시에 반영할 수 없었던 지방재정 여건의 변동이나 자치단체에 예기치 못한 재정수요(자연재해 등)가 발생할 때 지원하는 재원입니다. 더 쉽게 말하자면 특별교부세는 정부 예산 가운데 특별한 용도를 정해두지 않았다가 그때그때 필요에 따라 시·구에 배정해주는 돈을 말합니다.

사실 특별교부세는 목적대로라면 국가의 위기상황에서 큰 효력을 발휘할 수 있는 중요한 재원입니다. 그런데 왜 이 부분이 문제가 되었을까요? 그 이유는 특별교부세를 자치단체에 배분하는데 구체적인 기준이 없었다는 점 때문이었습니다. 실질적으로 중앙정부가 마음대로 지원대상과 금액을 정할 수 있었기 때문에 특별교부세는 정부가 지방자치단체를 통제하는 수단으로 악용될 소지가 있었습니다. 그렇기 때문에 국회의원의 능력은 이 자금을 얼마만큼 끌어 모을 수 있을지의 여부로 결정되었습니다. 당연히 중앙정부를 향한 지방정부와 지역구 의원의 로비 경쟁을 부추길 가능성도 높아졌습니다. 더 큰 문제는 이렇게 분배된 자금이 해당 정치인의 생색내기용 공약으로 사용되는 경우도 많았다는 점이었습니다. 그래서 노무현 대통령은 특별교부세를 폐지할 의향을 주위에 내비쳤습니다.

그런데 그의 의견을 들은 일부 참모들은 대통령의 영향력 확보를 위해 특별교부세를 유지해야 한다는 의견을 제시했습니다. 사실 특별교부세의 혜택을 가장 많이 받는 것은 대통령입니다. 노무현 대통령이 집권했을 당시에 대통령특별교부금으로 지정된 금액이 2003년도에만 1조2천억원이었으니 그 영향력은 이루 말할 수 없었을 것입니다. 사실 이 정도 금액이면 정치의 판도를 바꿀 수 있는 큰 힘을 발휘하는 것도 가능합니다. 그럼에도 불구하고 그는 교부금수령을 단칼에 거부했습니다. 이후 이 돈은 2003년에 발생한 사상 최악의 태풍 매미의 피해를 복구하는 데 쓰였습니다. 그가 원했던 대로 국민을 위해 사용된 것이죠.

"나는 그런 돈은 전혀 필요 없습니다. 계속 확대시켜 나갈 국가사업이 있으면 나눠주세요. 행자부에서 필요한 것이 있다고 하면 거기 주세요."
_2003년, 교부금 수령을 거부하며 노무현 대통령이 한 말

노무현 대통령이 이렇게 특별교부세 폐지를 강력하게 주장했음에도 불구하고 이 제도는 아직까지 명맥을 유지하고 있습니다. 아마 반대측의 저항이 거셌을 것입니다. 이미 많은 것을 가진 사람은 자신이 가진 것을 빼앗기는 일에 강한 반감을 가집니다. 마키아벨리는 군주론에서 이런 성향을 '인간이란 아버지의 죽음은 쉽게 잊지만 재산상 손해는 잊지 못한다' 라는 말로 표현했습니다.

그러나 그의 노력이 아예 성과가 없었던 것은 아닙니다. 2005년을 기점으로 교부세의 비율이 9.1%에서 4%로 축소되었고 2013년도 하반기에는 도로 개설 등의 지역사업보다는 사회복지, 문화사업 등에 집중적으로 지원되도록 제도가 변경되며 심사와 사후관리가 강화되었기 때문입니다. 실질적으로 국민을 위해 쓰일 수 있도록 관련 법령이 바뀐 것이죠. 물론 앞서 말씀드린 폐해가 완전히 사라진 것은 아니기에 이 부분은 조금 아쉬운 점으로 남아있습니다.

그가 이런 시도를 한 이유는 무엇일까요? 아마 그는 기왕 쓰일 돈이라

면 많은 사람이(특히 국민이) 큰 이득을 볼 수 있는 방향으로 이 돈이 활용되어야 한다는 마음을 가졌을 것입니다. 사람을 먼저 생각했던 그의 태도를 엿볼 수 있는 부분이라 생각합니다. 만약 우리가 일을 하면서 사람을 사랑하지 않는다면 이와 같은 결정을 내리기란 쉽지 않을 것입니다.

❖ 자본주의가 만든 관습

가진 것을 쉽게 포기할 수 없는 이유는 '욕심' 때문입니다. 욕심의 종류는 다양합니다. 더 잘 살고 싶다는 비교적 소박한 것에서부터, 멋진 사람이 되고 싶은 욕망, 다른 사람들을 내 마음대로 부릴 수 있는 권력에 이르기까지 그 수는 셀 수 없을 정도로 많습니다. 만약 우리가 이런 욕심을 정당한 수단으로 쟁취한다면 이를 비난할 수 있는 사람들은 아무도 없겠지만 대개 욕심은 편법을 사용하도록 만들 가능성이 높습니다.

독일의 철학자로 '공론장의 구조변동'이라는 저서를 집필한 위르겐 하버마스는 그의 다른 책 '후기 자본주의 정당성 연구'에서 이와 비슷한 내용을 다루고 있습니다. 하버마스는 다양한 분야를 연구하는 통섭형 학자로 사회 이론의 기초와 인식론을 중심으로 연구를 진행하며, 진보된 자본주의 사회와 민주주의, 비판적 사회진화적 맥락, 현대 정치학에 영향을 준 인물이기도 합니다. 앞서 말씀드린 특별교부세의 경우도 이 책을 통해 살펴볼 수 있죠.

하버마스는 후기 자본주의의 특성을 경제적 위기에 국가가 개입하여 이를 해소하고, 그 과정 내에서 사회의 계급간 대립을 둔화시키는 것으로 규정했습니다. 아이러니하게도 이런 현상은 정치와 문화에 영향을 미치며 각각의 독립성을 크게 훼손시켰습니다. 주변의 도움을 받은 사람이 자율적으로 움직이기란 현실적으로 불가능하다는 사실로 미루어 볼 때 이는 어찌 보면 당연한 일입니다.

이런 상황이 지속적으로 반복되면 이는 하나의 관습으로 굳어집니다. 만약 이것이 서로를 돕기 위한 긍정적인 방향으로 전개된다면 더할 나위 없이 좋은 것이지만 반대의 방향으로 진행될 경우 많은 사람들이 피해를 볼 수 밖에 없습니다. 만약 우리사회가 이미 이런 상황이라면, 정당한 노력보다는 편법과 꼼수가 더 큰 힘을 발휘하게 될 것입니다. 진리보다는 거짓이 득세하는 상황일 수 밖에 없는 것이죠.

진리가 실현되려면 오랜 시간 동안 형성된 강제적인 규율보다는 자유로운 분위기에서 만들어진 올바른 습관이 중요합니다. 우리는 이런 과정을 통해 더 성숙한 인물이 될 수 있습니다. 또한 이렇게 생각하는 개인이 많아졌을 때 비로소 합리적인 사회에 도달할 수 있죠. 정당하게 노력한 부분이 인정을 받고 또 이에 따른 결과를 낼 수 있는 곳이라면 아마 누구나 불만을 갖지 않고 자신의 자리에서 노력할 수 있을 것입니다. 노무현 대통령이 바랬던 세상은 아마 이런 모습이지 않았을까요?

❖ 날마다 새롭게

일신우일신(日新又日新)이라는 말이 있습니다. '날마다 새롭다' 라는 뜻을 지닌 이 말은 제가 학교를 다니던 시절에만 해도 배운 것을 계속 잊어버리는 학생들을 비판하는 말로 많이 사용되었습니다. 우리는 무엇을 새롭게 해야 할까요? 그리고 무엇을 간직해야 할까요? 답은 간단합니다. 자신과 주변을 발전시키는데 도움이 되는 것들은 간직하고 나머지는 버리면 됩니다. 날마다 새로워야 된다는 말은 모든 것을 잊어버려야 한다는 뜻이 아닙니다. 좋은 것은 취하고 나쁜 것은 버리면서 조금씩 자신을 발전시켜야 한다는 뜻으로 이해해야 옳습니다. 그것이 물질적인 것이든 정신적인 것이든 우리에게는 큰 도움이 됩니다.

만약에 1년에 내가 자유롭게 쓸 수 있는 돈이 1조원이 넘는다고 생각해 봅시다. 그럼 우리는 무엇을 해야 할까요? 선뜻 자신이 누릴 수 있는 부귀영화를 포기하고 많은 사람들을 위해 돈을 쓰도록 할 수 있을까요? 일단 저희는 해보지 않았기 때문에 답을 알지 못하지만 노무현 대통령은 그렇게 했습니다. 자신에게는 필요 없는 돈이라며 국민들을 위해 쓰도록 지시했기 때문입니다.

세상이 각박한 이유는 다수의 이익보다 자신의 이익을 생각하는 사람들이 더 많기 때문입니다. 이익을 추구하려는 성향은 기본적으로 보수적인 성격을 띱니다. 물론 보수적인 스타일이 나쁜 점만 있는 것은 아닙니다. 하지만 이런 성향으로 인해 다른 사람들이 피해를 보게 된다면 이는 옳지 않습니다. 변화를 거부하고 한 자리에서 자신의 것만을 고수하는 사람은 필연적으로 세상의 흐름에 뒤처지게 되어있습니다. 오래된 관습이 위험한 이유는 이 때문입니다.

제 2 장 뿌리 깊은 나무는 어디에 있는가?

제9원칙
과오를 깨끗하게 인정하라

∴ 실수를 줄이는 것이 중요한가?

살면서 우리는 실수를 많이 합니다. 어렸을 때는 부모님께 혼나고 성인이 되어서는 직장 상사에게 혼납니다. 이런 과정을 거치면서 역량을 향상시킨다는 이야기는 이제 우리에게 매우 자연스럽게 다가옵니다. 사실 실수를 하지 않는 사람은 없습니다. 만약에 그런 사람이 있다면, 그는 집에서 아무것도 하지 않고 있을 가능성이 높습니다. 그렇기 때문에 우리는 실수를 받아들이는 자세에 대해 깊이 생각해보아야 합니다. 누구나 하는 실수를 통해 얼만큼 배우느냐에 따라 그 사람의 역량이 결정되기 때문입니다. 농구황제인 마이클 조던은 실수에 관하여 다음과 같은 말을 남겼습니다.

"선수 생활 중에서 나는 9,000개가 넘는 슛을 놓쳤다. 거의 300회의 경기에서 패배를 경험했고, 경기를 뒤집을 수 있었던 슛 기회에서 26번 실패를 했다. 나는 살아오면서 계속해서 실패를 거듭했다. 그것이 내가 성공한 이유다."

조던은 실수하지 않기 위해 시도조차 하지 않는 것을 매우 경멸했습니다. 성공하는 사람들은 실수를 했을 때 그 원인을 분석하고 같은 일이 다시는 발생하지 않도록 다양한 장치를 마련합니다. 그러나 평범한 사람들은 다릅니다. 실수를 해서 비난을 받는 일에 짜증을 내는 것 이외에 무언가를 바꾸려는 시도를 전혀 하지 않기 때문입니다. 우리가 이런 태도를 보이는 이유는 아마도 '실수를 나의 책임이라고 인정하기 싫은 성향' 때문일 것입니다. 하지만 이런 태도는 우리에게도 상대방에게도 좋지 않습니다. 오히려 잘못을 깨끗하게 인정하고 새롭게 시작하는 것이 더 나을 수도 있습니다.

❖ 국민의 뜻에 따르겠습니다

우리는 노무현 대통령을 통해 과오를 깨끗하게 인정하고 이에 대한 책임을 지는 모습을 여러 차례 찾아볼 수 있습니다. 그 중 가장 대표적인 것은 취임 1년 차인 2003년도에 있었던 재신임 사건입니다. 청와대 총무비서관인 최도술이 SK그룹으로부터 비자금을 수수했다는 의혹이 터진 이후 발생한 일이죠. 노무현 대통령은 기자회견을 통해서 국민에게 재신임을 묻겠다는 의사를 밝혔습니다. 주변에서 발생하는 비리를 어떤 방식으로든 해결하겠다는 그의 의지가 반영된 결과였습니다.

저는 이 사례를 보면서 '책임질 일이 있으면 대통령부터 책임지고 그 누구도 예외를 두지 않겠다'는 그의 강한 신념을 읽을 수 있었습니다. 부패의 문제가 다시는 정국운용에 걸림돌이 되지 않도록 하겠다는 의지의 표현인 것이죠. 사실 이렇게 국민에게 재신임을 묻게 되면 대통령으로서는 최악의 경우까지도 생각해야 합니다. 여차하면 대통령 직위를 내놓아야 할 수도 있기 때문입니다.

누군가에게 의사를 묻고 그 결과대로 행동한다는 것은 보통 베짱이 아니고서는 할 수 없는 일입니다. 이렇게 해도 자신은 큰 영향을 받지 않을 것이라는 자신감 또는 결과에 책임을 지겠다는 마음이 꼭 있어야 하죠. 이런 자세는 범인과 위인을 구분하는 몇 안 되는 기준 중 하나입니다.

다행히 언론매체의 긴급조사 결과는 대통령을 재신임하겠다는 뜻으로 모아졌습니다. 그 당시 지지율이 높은 편이 아니었는데도 이런 결과가 나온 데는 여러 요인이 있을 것입니다. 사퇴에 따른 국정 공백을 우려했을 수도 있고 혹은 그의 진정성을 믿고 다시 한 번 나라를 맡겨보자는 사람들의 심리가 반영된 것일 수도 있죠.

그러나 이에 대한 반응은 다양했습니다. 노무현 대통령의 재신임 발언을 정상적인 통치행위가 아닌 포퓰리즘이라고 비판한 곳도 있고, 진정성을 기반으로 자신의 책임을 다하려는 모습이 아름답다는 의견도 있었습니다. 어찌되었든 그는 국민으로부터 재신임을 받았고 이후 국정을 운영할 수 있게 되었습니다. 그러나 이후 헌정사상 초유의 사태인 탄핵의 주인공이 되죠. 이 이야기는 다음에 다시 언급하도록 하겠습니다.

노무현 대통령은 이런 반응을 보면서 어떤 기분이 들었을까요? 아마 그는 정치권이나 언론의 반응을 이미 예상하고 있었을 것입니다. 그럼에도 불구하고 그가 이런 선택을 했던 배경에는 '새로운 대한민국'을 만들고자 했던 그의 의지가 있었을 것입니다. 재신임을 물으면 자신의 권력과 지지기반이 약해질 수 밖에 없을 것이라는 사실은 그다지 중요하지 않았습니다. 오히려 그는 국민들이 지혜와 힘을 모아 새로운 나라를 만드는 일에 참여해주기를 간절히 소망했습니다. 그러기 위해서는 먼저 자신의 잘못을 인정하고 도움을 구해야 했습니다. 물론 방법이나 과정 면에서 모든 이가 동의한 것은 아니지만 그 의도만큼은 우리가 꼭 기억할 필요가 있습니다. 세상을 바꾸기 위해선 권모술수보다는 진실된 마음이 필요합니다.

❖ 항아리가 깨진 이유는 무엇인가?

우리는 어떠한 상황에 처해있든 잘못을 빨리 인정해야 합니다. 그렇게 하지 않으면 곤경에 쉽게 빠지기 때문입니다. 같은 잘못을 저지르더라도 언제 이야기하느냐에 따라 그 결과는 판이하게 달라집니다. 우리는 이런 사례를 주변에서 심심치 않게 발견할 수 있습니다.

독일의 문학가인 하인리히 폰 클라이스트의 '깨어진 항아리'라는 작품에서도 우리는 이런 사례를 살펴볼 수 있습니다. 깨어진 항아리는 마을에서 갑자기 깨진 항아리의 범인이 누구인지 확인하는 재판정에서 벌어지는 일을 희극적으로 표현한 작품으로 우리에게 많은 것을 시사합니다.

1808년에 바이마르 극장에서 처음으로 공연되고 1811년 책으로 간행된 이 책의 이야기는 네덜란드의 농촌을 무대로 합니다. 판사 아담이 이브의 집에 있는 항아리를 깬 범인을 잡기 위한 재판을 여는 것으로 이야기가 시작되죠.

그런데 재판정에 들어온 아담의 모습이 조금 이상합니다. 얼굴과 다리에 상처가 가득하고 판사라면 꼭 갖추어야 할 가발조차 없었기 때문입니다. 어쨌든 재판을 진행하며 이브의 어머니는 항아리를 깬 사람으로 그녀의 약혼자인 루프레히트를 지목합니다. 아마 이브의 어머니는 정숙하지 못하다는 구실로 딸에게 파혼을 선언했다는 사실에 그에게 앙심을 품고 있었는지도 모릅니다.

그러나 루프레히트는 이브에게 놀러 갔을 때 이미 항아리가 깨져 있었고 얼굴을 보지 못한 한 사내가 이브의 집에서 도망치는 것을 목격했다는 말로 자신의 혐의를 부인합니다. 이야기를 다 들은 판사는 그에게 감옥형을 구형합니다.

사실 항아리를 깬 진범은 아담이었습니다. 이브를 자신의 여자로 만들기 위해 약혼자의 군대징집서를 위조하여 그녀에게 보여준 뒤 군대를 면제시켜준다며 수작을 부린 것이죠. 사실 그가 처음에 보여주었던 이상한 모습은 루프레히트의 인기척에 놀라 도망가다 생긴 것이었습니다. 경황 중에 가발을 챙기지 못하고 몸에 상처를 입었던 것이죠. 재판은 결국 죄가 밝혀진 아담이 판사직에서 해임되는 것으로 마무리됩니다.

깨어진 항아리는 단순히 법정에서 일어나는 일을 이야기하기 위해 쓴 작품이 아닙니다. 저는 이 작품을 읽으면서 잘못을 인정하지 않는 주변의 수많은 사람들을 떠올렸습니다. 잘못을 빨리 인정하고 같은 일이 발생하지 않도록 노력해야 한다는 사실을 모두가 알고 있지만 이상하게도 이를 실천에 옮기는 사람은 적습니다. 우리의 의지가 약해서 그런 것일까요? 아니면 이런 상황을 조금만 버티면 앞으로 잘 될 것이라는 이기심이 작용한 탓일까요? 저는 후자보단 전자가 많았으면 좋겠습니다.

마키아벨리의 군주론과 로마사 논고에는 비르투와 포르투나라는 개념이 있습니다. 간단하게 설명하자면 비르투는 개인의 의지이고 포르투나는 운명을 뜻합니다. 깨어진 항아리에서 범인으로 나오는 아담은 스스로의 의지(비르투)로 자신이 범인인 것을 숨기려 합니다. 그러나 주변 상황은 그가 이런 일을 하도록 놔두지 않습니다(포르투나). 우리가 잘못을 인정하지 않아도 언젠가는 내가 한 실수가 세상에 알려집니다. 운명은 그런 것이죠. 중요한 것은 앞서 말씀드린 바와 같이 잘못을 인정하고 후에 어떤 행동을 하느냐입니다. 단순히 잘못을 감추기 급급한 아담의 사례를 바라보며 우리가 어떻게 행동해야 할지 생각해보는 것은 어떨까요?

❖ 과오를 깨끗하게 인정하라

1955년 3월, 일본 도쿄에 위치한 초등학교에서 900명이 넘는 식중독 환자가 발생했습니다. 한 업체의 우유에서 발견된 포도상구균이 원인이었습니다. 사실을 안 해당 기업의 CEO는 해당 제품을 전량 회수하고 공개사과에 나서는 등 발빠르게 대응했습니다. 사건이 마무리 된 이후에는 같은 일이 발생하지 않도록 품질관리팀을 독립부서로 승격시키고 검사의 기준을 까다롭게 적용하며 소비자를 안심시키기 위해 노력했습니다. 이 사건을 발판으로 이 회사는 큰 성공을 거둘 수 있었습니다.

2000년 6월에도 비슷한 사고가 발생했습니다. 오사카에서 구입한 우유를 마시고 구토를 일으켰다는 고객의 항의가 한 업체로 접수된 것입니다. 보건당국은 해당 업체의 오사카 공장에서 생산된 우유 때문에 식중독이 발생했다는 임상결과를 확보했습니다. 그러나 앞의 사례와는 달리 이 공장은 본사에 아무런 보고를 하지 않았습니다. 시간이 지나며 환자의 수가 6000명이 되었는데도 회사의 경영진은 잘못을 인정하지 않았습니다. 잘못을 되돌릴 수 있는 기자회견장에서도 이들은 성실하지 못했습니다. 기자들의 질문에 에둘러 답한 뒤 회견장을 도망치듯 빠져나왔기 때문입니다. 이후 식중독 환자의 수는 13000명을 넘어섰습니다. 이 과정을 생중계로 본 일본 국민들은 분노했고 결국 해당 기업은 엄청난 손실을 입었습니다.

재미있는 것은 이 두 개의 사건 모두 '유키지루시 유업'이라는 회사에서 발생했다는 점입니다. 똑같은 위기상황이었지만 초동 대처가 어떻게 이루어졌느냐에 따라 그 결과는 천차만별로 나타났습니다. 실수를 빠르게 인정했을 때는 대중의 공감을 얻을 수 있었지만 그렇지 못했을 때는 엄청난 역풍을 맞았습니다.

우리 주변에는 의외로 잘못을 빠르게 인정하는 사람이 적은 편입니다. 아마 그 이유는 완벽함을 보이려는 개인의 성향 때문일 수도 아니면 정말 잘못하지 않았다고 생각해서 일수도 있습니다. 우리는 대개 잘못을 인정하면 수치스럽다고 생각합니다.

그런데 사실 따지고 보면 꼭 그런 것만은 아닙니다. 삼국시대의 군사 사마의는 수치스러운 일을 당하면서도 자리를 지키며 버틴 결과 삼국을 통일한 위나라의 개국공신이 되었습니다. 그는 오장원에서 제갈량이 그를 도발하기 위해 보낸 여자옷과 장신구를 보면서도 꿈쩍도 하지 않으며 자신의 생각을 지켰고 결국 승리를 차지했습니다.

잘못을 인정했다고 해서 그 사람의 가치가 떨어지는 것은 아닙니다. 오히려 솔직한 모습을 보여주었다는 사실에 공감을 받는 경우가 더 많죠. 앞서 말씀드렸던 유키지루시 유업의 사례처럼 우리는 잘못을 빠르게 인정하는 일이 얼마나 중요한지를 다시 한 번 깨달아야 합니다.

사람들에게 신뢰를 주려면 잘못을 깨끗하게 인정하는 모습을 보여야 합니다. 정말 중요한 것이라면 숨기는 게 낫다고 말하는 사람도 있지만 이 전략이 효과를 거두려면 상대방에게 내가 무언가를 숨기고 있다는 사실조차도 숨겨야 합니다. 공명정대하고 원칙에 따라 행동하면서도 모두의 이익을 위해 움직인다는 인식을 받을 때 사람들의 시선은 달라질 수 밖에 없습니다. 이런 역량이 가장 필요한 사람은 아무래도 정치 지도자일 것입니다. 지금 이 글을 읽고 있는 여러분들은 어떤가요? 잘못을 빨리 안정하는 편인가요? 아니면 스스로의 과오를 덮기 바쁜가요? 만약 후자라면 전자와 같은 마음가짐을 지니게 되길 진심으로 바랍니다. 그것이 우리가 삶을 더 떳떳하면서도 올바르게 살 수 있는 길이기 때문입니다.

제 2 장 　 뿌 리 　 깊 은 　 나 무 는 　 어 디 에 　 있 는 가 ?

제10원칙

확고한 신념으로
행동하라

✥ 의지 없이는 재능도 없다

이 글을 읽고 있는 여러분의 삶을 관통하는 원리는 무엇인가요? 당연히 대답은 사람마다 다를 것입니다. 기본적으로 저는 제가 하는 일을 통해 다른 사람들에게 어떤 방식으로든 도움을 줄 수 있어야 한다고 생각합니다. 가지고 있는 것을 주지도 않고 혼자만 품고 있는 삶은 솔직히 별로 매력적이지도, 생산적이지도 않습니다. 올바른 습관을 바탕으로 좋은 것을 만들어내는 태도는 누구에게나 필요합니다. 혹 내가 만들어내는 무언가가 큰 영향력을 끼치지 못해도 괜찮습니다. 무언가를 남겼다는 그 사실이 훨씬 소중하기 때문입니다

프랑스의 소설가인 오노레 드 발자크는 '강인한 의지 없이는 뛰어난 재능도 없다.' 라는 말을 남겼습니다. 그는 이 말처럼 평생 글을 쓰며 치열하게 살았습니다. 하루에 40잔이 넘는 커피를 마시며 위장장애와 심장질환으로 고생하면서도 '고리오 영감' 같은 명작을 남겼죠. 우리가 이런 모습을 통해 배울 수 있는 것은 바로 그들이 세상을 바라보았던 자세와 시선입니다. 무엇을 배워야 할 것인가에 대한 고민을 하지 않는다면 발전 역시 없습니다. 만약 우리가 이들이 쫓았던 꿈과 목표를 조금이라도 엿볼 수 있다면, 아마 지금보다 더 나은 일을 할 수 있을 것이라는 생각이 듭니다.

아마 우리가 세상을 관통할 나만의 가치를 갖지 못하는 이유는 좋은 가치를 놓고 이야기할 수 없는 환경적 요인이 가장 클 것입니다. 경쟁이 중요하다고 생각하는 현 사회에서는 수단 방법을 가리지 않고 상대방을

꺾어야 한다고 생각하는 것이 자연스러워졌습니다. 가정에서도 올바른 교육을 담당하지 못하고 있죠. 학교와 가정은 학생들이 스스로 생각하며 자신의 미래를 찾을 수 있도록 도와주는 조력자의 역할을 해야 합니다. 다른 사람들의 도움을 통해 원하는 것을 이루었다 할지라도 이를 유지하는 데는 많은 어려움이 있기 때문입니다. 우리는 이를 노무현 대통령의 사례를 통해서도 확인할 수 있습니다.

❖ 부끄러운 줄 알아야지

노무현 대통령 하면 떠오르는 것 중에 하나는 '부끄러운 줄 알아야지'라는 말입니다. 그 당시 인터넷에서는 연설 중 일부가 편집된 이 말이 한동안 유행했었습니다. SNS에 링크된 '10분만에 1억 버는 법' 등을 클릭하면 이 부분이 나오는 방식으로 말입니다. 정당하지 못한 방법으로 목적을 성취하려고 할 때 사람들을 꾸짖는 용도로 활용되었던 것이죠.

사실 이 말은 2006년에 실시한 민주평화통일자문회의 상임위원회 연설의 일부분입니다. 원래 노무현 대통령은 이 모임에 참석해 20분 가량의 간단한 인사말을 하도록 되어 있었습니다. 그런데 예상과는 다르게 그의 발언은 1시간 10분 동안 이어졌습니다. 문제가 된 부분은 바로 '전작권 이양'이었습니다.

전시작전통제권(Wartime Operational Control), 줄여서 전작권이라고 부르는 이 권리는 전시에 자국의 군 작전을 지휘할 권리를 말합니다. 현재 이 권리는 한미연합사령부가 갖고 있습니다. 이 말은 전쟁이 나면 우리나라의 군대를 지휘할 최종 권한이 미국에게 있다는 것을 의미합니다. 그가 분노했던 이유는 전작권 환수를 반대했던 사람이 전직 국방부 장관들이었기 때문이었습니다. 그들이 제시한 논리는 '아직 남한의 전력이 북한에 맞서기에는 미숙하다'는 것이었습니다. 노무현 대통령은 이런 그들을 강한 어조로 비판했습니다.

"대한민국 군대들 지금까지 뭐했나 이거야. 나도 군대 갔다 왔고 예비군 훈련까지 다 받았는데 심심하면 세금 내라하고 불러다가 뺑뺑이 돌리고 훈련시키고 했는데 위에 사람들은 뭐해서 자기 나라 자기 군대 작전통제도 제대로 할 수 없는 군대를 만들어 놔서 그렇게 별들 달고 나 국방부 장관이요. 나 참모총장이요. 거들먹거리고 말았다는 이야기입니까? 작전통제권 회수하면 안 된다고 줄줄이 모여 가서 성명 내고 자기들 직무 유기 아닙니까? **부끄러운 줄 알아야지**. 이렇게 수치스러운 일들 하고 작통권 돌려받으면 한국 군대 잘 해요. 경제도 잘 하고 문화도 잘 하고 영화도 잘 하고 한국 사람들 외국 나가보니까 못하는 게 없는데 전화기도 잘 만들고 차도 잘 만들고 배도 잘 만드는데 왜 작전통제권만 왜 못한다는 이야깁니까."
_2006년 민주평화통일자문회의 상임위원회 연설 중 일부

노무현 대통령이 청중들에게 전달하고 싶었던 내용은 '내 것은 스스로 지켜야 한다'는 단순한 원리였습니다. 그는 연설장에 모인 사람들이 자신의 의도를 알아주길 원했을 것입니다. 실제로 이 연설은 사람들의 열화와 같은 성원을 이끌어 냈습니다. 연설 도중에 간간히 들리는 박수

소리가 이를 증명하고 있죠. 사투리 섞인 연설을 통해 그의 감정이 고스란히 전해지는 것 같습니다.

그렇다면 현재 전작권 회수는 완료된 것일까요? 아쉽게도 정부는 2014년 10월 23일 워싱턴에서 열린 한미 안보 협의회의에서 한국군의 북핵대응능력 등을 포함한 일정한 조건이 형성되었을 경우 전작권을 전환하는 것으로 미국과 합의했습니다. 물론 이렇게 된데는 다양한 요인이 작용했을 것입니다. 저는 이에 대한 나름대로의 이유가 있을 것이라 믿고 싶습니다. 만약 단순히 지금 상태가 편하기 때문에 이런 결심을 한 것이라면 전작권 문제는 이런 방식으로 해결되어서는 안 됩니다. 주도적인 군대를 양성하기 위해서 꼭 필요한 부분이기 때문입니다. 국가의 운명을 결정짓는 건곤일척의 승부처에서 다른 나라에서 온 장군의 지시를 받는다는 것은 사실 어폐가 있습니다. 저는 이 글을 읽는 여러분을 포함한 모든 사람들이 '운명을 결정하는 것은 나 자신'이라는 사실을 다시 한 번 깨달았으면 합니다. 다른 사람이 정해준 운명은 쉽게 바뀝니다. 혹 좋은 방향으로 결정나더라도 그리 오래가지 않죠. 노무현 대통령이 한 이 말은 그 사실을 명백히 드러내고 있습니다.

"내 나라는 내가 지킨다, 피를 흘려도 우리가 흘려야 한다, 그래야 대등한 외교를 할 수 있다."

❖ **대가 없는 도움은 없다**

삼국시대에 한반도의 주도권을 놓고 싸운 나라는 고구려, 백제, 신라입니다. 우리가 알고 있는 대로 최종 승자는 신라였습니다. 백제와 고구려를 차례로 멸망시키고 한반도의 주도권을 잡은 것이죠. 이후 신라는 약 250년 간 발해와 함께 한반도의 통일국가로서 그 위상을 떨쳤습니다.

신라가 삼국을 통일할 수 있었던 요인은 무엇이었을까요? 간단하게 이야기하면 고구려와 백제를 전쟁으로 제압했기 때문입니다. 그런데 여기서 의문점이 생깁니다. 신라가 나머지 두 나라에 비해 무력이 압도적으로 강하지 않았는데도 불구하고 통일이 이뤄졌다는 것 때문입니다.

신라가 삼국을 통일할 수 있도록 도운 조력자는 당나라입니다. 신라는 혼자의 힘으로 두 나라를 차지하기 어려울 것이라는 판단에 당나라와 손을 잡습니다. 먼저 가야와 백제를 차례로 멸망시킨 뒤 마지막으로 고구려를 치며 삼국을 통일했죠.

사실 당나라의 속셈은 신라를 이용하여 삼국의 영토 전체를 장악하려는 것이었습니다. 백제를 멸망시킨 뒤에 그 지역에 5도독부를 설치한 뒤 663년에는 신라를 계림대도독부로 삼았습니다. 고구려가 사라진 땅에는 9도독부를, 평양에는 안동도호부를 두어 한반도 전체를 다스리도록 했죠.

이에 분개한 신라는 고구려와 백제의 유민과 연합하여 당나라 군대를 몰아내는 대전쟁을 치릅니다. 결국 676년 금강 하구의 기벌포에서 당나라 수군을 섬멸하는 것으로 잔존세력을 완전히 몰아내고 삼국통일을 달성하죠. 대동강부터 원산만까지를 경계로 하여 그 남쪽에 대한 지배권을 확립한 시기가 이 때입니다. 그 위쪽에는 발해가 건립되죠. 중국이 발해를 자신의 역사에 편입시키려 한데는 이런 배경도 작용하고 있습니다. 앞서 말씀드렸던 동북공정의 일환입니다. 물론 이렇게 되어서는 안 됩니다.

삼국을 통일하는 과정에서 신라인들이 가졌던 신념은 무엇이었을까요? 이들의 선택은 자신의 힘만으로 주변을 치는 것과 주변의 도움을 받는 것 두 가지 중 하나였습니다. 만약 자신의 힘만으로 전쟁을 치렀다면 목적을 달성하기 어려웠을 것입니다. 그러나 도움을 받아 원하는 바를 이루게 되더라도 문제가 사라지는 것은 아닙니다. 바로 도움을 준 사람들을 어떻게 대접해야 될지 결정해야 하기 때문입니다. 우리가 집중해야 할 부분은 후자입니다. 그 이유는 간단합니다. 혼자 사는 것보다 주변과 관계를 맺으며 살아가는 시간이 훨씬 더 많기 때문이죠. 혹은 신라가 도움을 받았던 당나라를 한반도에서 완전히 몰아냈던 경우처럼 스스로를 지키기 위해 목숨을 걸고 싸워야 하는 상황이 생기기도 합니다. 어떤 방식이든 도움을 받은 사람은 깨어있어야 합니다.

살면서 발생하는 주변의 개입을 어떻게 생각해야 할까요? 이 때 내 마음을 지키는 일에 대한 고민은 누구나 한 번씩 해볼 것입니다. 명절에 듣는 어른들의 이야기인 '좋은 대학교 가야지, 결혼해야지, 취업 했니?' 등이 대표적인 예에 속합니다. 냉정하게 판단하자면 이 분들의 이야기를 받아들였을 때 얻는 결과에 대한 책임은 전적으로 그 말에 따르는 사람에게 있습니다. 그 누구도 책임을 지지 않기 때문입니다. 잘되라는 마음으로 이야기를 해주긴 하지만 이런 행동이 큰 변화를 불러 일으킬 수 있을 것이라고 생각하는 사람들의 수는 상대적으로 적습니다.

✣ 널리 인간을 이롭게 하라

주어진 것만 받아들이는 교육의 가장 큰 맹점은 자신의 신념을 갖추기가 어렵다는 것입니다. 사실 신념은 교육만으로 생기는 것이 아닙니다. 자신의 가치관과 이를 기반으로 한 많은 경험을 통해 스스로 갖추어야 하는 것이기 때문입니다. 이는 재능보다는 끊임없는 노력의 결과로 만들어지는 것입니다.

대개 무언가를 이뤄내는 사람은 신념이 강합니다. 그러나 모든 신념이 사회에 긍정적으로 작용하는 것은 아닙니다. 사람들은 저마다의 신념과 욕망을 갖고 있으며 이는 사회 내에서 다양한 방식으로 충돌합니다. 저는 기왕이면 이런 신념들 중 사회에 도움이 되는 것이 살아남아야 한다고 생각합니다. 개인의 욕망을 채우기 위한 정치적 신념보다는 따뜻한 마음과 인간미를 느낄 수 있는 아름다운 신념을 지켜나가는 것이 훨씬 더 바람직하지 않을까요?

노무현 대통령은 자신의 능력으로 세상을 유익하게 만들고 싶어했습니다. 국회의원이 된 이유도 이 때문이었습니다. 그러나 생각보다 할 수 있는 일이 적다는 것을 깨닫고 자괴감으로 인해 많이 고민하기도 했습니다. 물론 요즘 유행하고 있는 '먹고 사는데 문제가 없을 정도로 풍족하게 살고 싶다는 마음가짐'이 잘못된 것은 아닙니다. 사회가 각박하기 때문에 우리가 이런 신념을 갖는 것도 무리는 아닙니다.

그럼에도 불구하고 저는 다른 사람들을 이롭게 하려는 이들이 많아졌을 때 사회가 발전할 수 있다고 생각합니다. 양심의 소리에 귀를 기울이며 주변을 지금보다 아름답게 만들려는 사람들이 많아졌을 때 우리나라가 발전할 수 있을 것입니다. 그렇게 하기 위해서는 다양한 경험을 하며 세상에 대해 깊이 생각해보는 것이 무엇보다도 중요합니다. 지금 여러분들은 어떤 사람인가요? 저를 포함한 모두가 생각해보아야 할 문제입니다.

제 2 장 뿌리 깊은 나무는 어디에 있는가?

제11원칙

자신만의 철학을 갖추어라

❖ 올바른 철학은 무엇일까?

일반적으로 사람들이 생각하는 리더의 자질은 비전제시능력과 협업을 통한 시너지 창출 능력입니다. 그런데 주변을 보면 의외로 '나를 믿고 따르면 좋은 결과가 있을 것이다.'라고 주장하는 리더의 수도 많습니다. 어느 쪽의 리더가 맞는 것일까요? 전자는 의사 결정이 늦어져 발전 속도가 더디고, 후자의 경우 조직의 성과가 전적으로 리더의 자질에 의해 결정된다는 맹점이 있습니다. 리더가 실수를 하게 되면 큰 피해를 입을 가능성도 배제할 수 없습니다. 주로 후자의 리더유형은 중소기업에 많습니다.

훌륭한 리더가 되기 위해서는 다양한 요인을 생각해야 합니다. 자신이 옳다고 해서 무작정 밀고 나가도 안 되고 주변의 이야기에 부화뇌동(附和雷同)해서도 안 됩니다. 그렇다면 어떻게 해야 이상적인 리더가 될 수 있을까요? 기본적으로 자신과 구성원을 모두 생각하는 자세를 지녀야 합니다. 하지만 그것만으로는 충분하지 않죠.

저는 리더가 가장 중요하게 생각해야 할 요소로 '철학과 비전'을 들고 싶습니다. 철학은 함께 하는 사람의 마음을 바꾸고 전체 조직의 생산성을 향상시키는데 중요한 부분을 차지합니다. 은나라의 주왕을 살펴봅시다. 주지육림(酒池肉林)에 빠져 향락을 누렸던 그에게 통치 철학이 있었을까요? 조금씩 폐업의 길로 가는 회사의 대표이사가 아무런 비전을 제시하지 못하는 상황에서 남아있을 직원이 있을까요? 많은 사람들을 끌고 가는 리더의 입장이라면 이 점을 반드시 생각해야 합니다. 그렇지 않다면 구성원의 신뢰를 이끌어낼 수 없습니다. 말만으로 구성원을 설득할 수 있다고 생각하는 것은 큰 잘못입니다.

리더의 철학과 비전이 사람들의 공감을 얻으려면 먼저 이 두 가지 요소가 구성원들을 존중하면서도 조직을 전체적으로 성장할 수 있는 방향으로 설정되는 것이 바람직합니다. 이 목적을 완수하기 위해서는 다양한 요건을 생각해야 합니다. 이익이 되지만 윤리적으로 옳지 않은 일을 어떻게 해야 할 것인지, 정도를 걷는데도 불구하고 직원들을 먹여 살릴 수 없는 상황이 오면 회사를 어떻게 해야 하는지 등의 내용이 이에 포함될 것입니다. 이 문제는 크던 작던 조직을 이끄는 리더라면 누구나 생각해야 하는 질문입니다. 이상적인 리더가 갖추어야 할 조건은 무엇일까요?

✣ 리더의 철학

사실 이 질문은 노무현 대통령에게도 큰 의미로 다가왔을 것입니다. 한 나라를 통치하는 대통령은 이상과 현실 사이에서 끊임없이 고민해야 합니다. 원하는 꿈을 이루기 위해서는 이를 만들어 낼 기초역량이 있어야 하는데 사실 한국의 인프라는 선진국과 비교하면 여러모로 불리합니다. 지리적 요건, 인구, 경제규모 등 언급될 수 있는 요소는 정말 많습니다. 자신의 역량을 넘어서는 시련을 맞으며 고군분투했을 그를 생각하면 많은 생각이 듭니다. 아마 해결책을 찾기 위해 주변에 자문을 구해도 보고, 옛 사례를 살펴보면서 노력도 했을 것입니다.

그에게 영향을 준 정치인은 많겠지만 일단 그 중에서도 중요한 위치에 차지했던 인물을 고르자면 저는 김영삼 대통령을 선택하고 싶습니다. 정치적 뜻이 맞지 않아 헤어지긴 했지만 그전까지 김영삼 대통령은 노무현 대통령의 든든한 정치적 후원자였습니다. 노무현 대통령의 의원직 사퇴 발언 때문에 당이 힘든 위기에 빠졌음에도 불구하고 질책하지 않고 낚시라도 하고 오라며 생활비를 챙겨줄 정도로 막역한 사이였죠.

그렇다면 노무현 대통령이 생각하는 김영삼 대통령의 이미지는 어땠을까요? 그는 김영삼 대통령을 한마디로 표현해 달라는 사람들의 말에 '탁월한 정치인'이라는 답변을 내놓았습니다. 김영삼 대통령은 사람을 다루는데 필요한 효율적인 전략을 활용하며 주변의 신뢰를 얻었고 이렇게 형성된 관계를 바탕으로 자신에게 필요한 것을 조금씩 채워 나갔습니다. 특히 부족한 지식을 활용하기 위해 다른 사람들의 머리를 빌리는 일에도 뛰어난 재능을 보였습니다. 앞서 언급되었던 책인 '대통령의 독서법'에서는 이런 그의 전략을 '알맹이 독서법'이라는 말로 표현합니다. 주변의 참모진들이 요약한 정보를 기반으로 얻은 지식을 실제 상황에서 바로 활용하는 것이죠. 그러나 노무현 대통령은 이런 스타일의 독서를 비판합니다. 그 이유는 간단합니다. 지식을 얻을 수는 있지만 이런 과정을 통해 국가를 움직이는 이상적인 철학은 만들어 낼 수 없기 때문입니다. 자신만의 철학을 갖추려면 끊임없이 공부하며 노력해야 하는데 다른 사람이 노력한 것을 대가 없이 가져가는 과정에서 올바른 철학이 생겨날 수 있겠냐는 것입니다. 그는 이런 상황을 다음과 같이 말하고 있습니다.

"아무튼 머리는 빌려서 되는 것이 아니다. 머리는 빌릴 수 있다는 말은 잘못된 것이다. 적어도 '머리'라고 하면 세계관과 철학, 그리고 지식을 의미하는 것이 아닐까? 그 중에서도 지식은 언제 어디에서나 다른 사람으로부터 빌릴 수 있는 것이다. 하지만 철학은 그렇지 않다. 철학은 남에게 빌릴 수 있는 물건이 아니다. 특히 남보다 앞서 생각하고 남을 다스려야 할 입장에 있는 지도자라면, 상당히 '체계화 된 철학'을 가지고 있어야 한다. 그리고 그 정도의 철학을 갖추려면 이미 정치, 경제, 사회, 문화, 과학 등 다방면에 걸쳐 상당한 지식을 가지고 있어야만 한다. '철학'이 없는 정치인은 '두목'이라는 말은 들을 수 있어도 '지도자'라는 이름을 붙일 수는 없다. 그리고 정치, 경제에 관해서 지식을 빌리는 경우에도 지도자는 무엇을 빌려야 하는 것인지, 또 누구한테 빌려야 할지, 그런 것을 판단할 줄 아는 철학을 가지고 있어야 한다. 다시 말하면 농부가 밭을 갈러 가는데 호미를 빌려야 하는지, 괭이를 빌려야 하는지 정도는 알아야 한다는 것이다."

리더와 보스의 차이점은 무엇일까요? 가장 큰 차이점은 '일에 참여하는 적극성의 정도'입니다. 보스는 일에 참여하지 않고 지시만 하는 반면에 리더는 일의 중심에 서서 팀원이 좋은 성과를 내도록 독려합니다. 전문가들이 이야기하는 리더와 보스의 특징은 다음과 같습니다.

- 보스는 공포를 불러일으키고 리더는 자신감을 북돋워준다.
- 보스는 비난하는 법을 바꾸지만 리더는 실수를 고친다.
- 보스는 모든 것을 알고 있으나 리더는 항상 질문한다.

- 보스는 일을 재미없는 것으로 만들지만 리더는 재미있는 일로 만든다.

저는 우리가 세상을 바르게 살아가기 위해서는 보스형 인간보다는 리더형 인간이 많아져야 한다고 생각합니다. 일을 하기 싫어하면서 다른 사람에게 이를 강요하는 행위는 옳지 않습니다. 특히 사람을 위하며 사람의 발전을 위해 일을 해야 한다는 철학 없이 자신의 욕심을 채우기 위해 다른 사람을 부리는 행위는 극히 경계해야 합니다. 역사를 살펴보면 이런 리더의 모습은 어디서나 발견됩니다. 우리는 이런 사례를 학습하고 대비하여 비슷한 상황에서 최선의 선택을 할 수 있도록 준비하는 것이 좋습니다.

〈보스(Boss)와 리더(Leader)의 차이〉

노무현 대통령은 사람을 부리며 자신의 영향력을 행사하는 것보다는 대의를 위하는 태도를 보이는 것이 옳다고 생각했습니다. 모두가 알고 있다시피 이런 철학은 손해를 많이 봅니다. 그러나 삶에서는 금전적인 손해보다 살아가는 이유 자체가 더 중요할 때가 많습니다. 특히 사람들에게 귀감이 되려면 모두가 공감할 수 있는 철학적 가치가 있어야 합니다. 하지만 이를 만들어 내기란 쉬운 일이 아닙니다. 그렇기 때문에 지도자는 끊임없이 공부하며 자신을 발전시켜야 합니다. 우리 역시도 나중에는 누군가를 이끄는 리더가 된다는 점에서 자신만의 철학을 만들어 내는 일은 매우 중요합니다. 물론 성공한 사람은 주변으로부터 긍정적인 평가를 받는 좋은 리더가 될 것입니다.

❖ 국가는 철인이 통치해야 한다

국가가 강건해지려면 무엇이 필요할까요? 무엇보다도 가장 중요한 것은 지도자의 역량입니다. 단체나 국가를 이끄는 수장이라면 집단 구성원들이 원하는 것을 정확하게 파악하고 이를 잘 전달할 수 있어야 합니다. 올바른 것을 가르쳐주고 각자의 역할을 수행하면서도 자신과 주변에 모두 이득이 되는 것들을 공유할 수 있어야 한다는 뜻입니다. 만약 지도자가 위의 내용에 충실하지 못한다면 한 쪽의 이익만을 대변하는 사람이 될 것이고 이는 결국 사회적 불평등을 야기하게 됩니다.

이 문제를 해결하기 위한 방법으로 그리스의 철학자 플라톤은 그의 저서 '국가'에서 철인정치를 주장합니다. '정의'라는 개념을 정확하게 이해하고 생활 속에서 이를 판단할 수 있는 철학자가 세상을 통치해야 한다는 의미입니다. 그 이유는 구성원의 자유와 기본권을 보장하는 이상적인 통치형태인 직접민주제가 현실에서 시행되기 어렵다는 단점이 있기 때문입니다. 플라톤은 대중들을 어리석고, 사익을 추구하며, 현명하지 못하고 나약할 뿐 아니라 경험에서 배울 수도 없는 존재라고 비판합니다. 당연히 이런 인물들은 국가의 장기 비전을 제시하고 이끌어 갈 능력이 없습니다. 그렇기 때문에 국가의 본래 목적인 국가의 이익과 모두의 행복을 만족시킬 수 있는 역량을 발휘할 수도 없게 되죠. 그래서 플라톤은 이 문제를 해결하기 위해 철인이 정치를 해야 한다고 주장했습니다.

그렇다면 철인은 어디에 있는 것일까요? 플라톤은 이 질문에 '철인은 양성하는 것이다'라고 대답합니다. 청소년 시절부터 자질이 있는 사람들을 선발하여 철저한 교육을 통해 원하는 이상향을 만들어내는 것입니다. 플라톤이 주장하는 철인의 조건은 사익추구 금지, 사유재산 금지, 결혼과 자녀양육 금지 등 현대 사회에서는 받아들이기 힘든 내용들을 일부 포함하고 있습니다. 높은 도덕성을 가진 철인이 가족으로 인해 흔들리는 것을 방지하고자 하는 조치라고 하지만 너무 잔인한 측면이 있는 것도 사실입니다. 허나 플라톤이 이처럼 혹독한 훈련을 강조하는 이유는 그가 이런 방법을 통하지 않고는 국가를 지도할 수 있는 사람들을 양성하기 어렵다고 판단했기 때문입니다. 국가를 이끄는 사람이라면 높은 도덕성이 요구될 뿐 아니라, 국가 구성원들의 욕망을 알아채고 이를 충족시켜 줄 수 있는 지혜와 결단력이 있어야 합니다. 만일 지도자의 머리가 뛰어나지만 도덕성이 높지 않다면 자신의 이익을 챙길 것이고, 도덕성만 높다면 원하는 바를 실행할 전략을 만들어내지 못합니다. 윤리적으로 무결하고 능력이 있으며 인간을 사랑하는 사람이 정치 지도자가 되어야 하는 이유입니다. 그래야만 모두가 행복해 질 수 있기 때문이죠.

사실 오늘날 우리 주변의 정치를 보면 앞의 이상을 따르지 못하는 경우가 대부분입니다. 자신의 이익을 챙기며 다른 사람들을 헐뜯고 주변 사람들에게 자신의 영향력을 바탕으로 나쁜 일을 하는 경우도 종종 발견됩니다. 이런 상황에서 우리는 어떤 마음으로 주변을 바라보아야 할까요? 아마 많은 사람들이 자신만의 대답을 갖고 있을 것이라 생각됩니다. 물론 사람들의 생각은 모두 다르겠지요.

저는 사람들 머릿속 각각의 생각이 플라톤이 주장한 '이데아'를 닮았으면 좋겠다는 생각을 종종 합니다. 플라톤의 이데아는 '현실세계에는 없지만 모든 사물의 이상적인 특징을 지니고 있는 본질'이라는 뜻입니다. 이상적인 선을 품고 있는 이데아를 닮기 위해 노력하는 가운데 대립이 없어지고 서로를 생각하는 좋은 마음이 생기게 됩니다. 긍정적인 측면만 강조한 것일까요? 하지만 이 꿈을 이루기 위해 노력하는 사람들의 수는 매우 많습니다. 자신의 신념에 따라 이데아의 가치를 지닌 세상을 끊임없이 만들어내는 것이죠. 이런 사람들 때문에 주변이 더 아름다워질 수 있을 것이라고 생각합니다.

올바른 정치란 무엇일까요? 글을 읽으면서 이 질문의 답을 마음속으로 다시 한 번 생각해보았으면 합니다. 만약 자신의 이익만을 위하는 것이 정치라면, 아마 세상에는 정치인이 되고자 하는 사람들로 넘쳐날 것입니다. 물론 그렇게 되면 살기도 어렵겠지만 현실적으로 가능하지도 않죠. 그렇기 때문에 우리는 올바른 정치의 기준을 잡고 이 기준을 잘 따를 수 있는 사람을 뽑는 차선책을 택해야 합니다. 그러기 위해서는 많이 공부해야 합니다. 좋은 생각이 적힌 책을 보고 느끼며 자신의 생각과 일치시키는 활동이 중요한 이유입니다.

대개 위대한 사상은 국가적인 상황이 매우 혼란스러울 때 나옵니다. 헤겔이 1807년도에 지은 '정신현상학'이 나올 때만 해도 독일은 나폴레옹이 이끄는 프랑스에 의해 처참하게 무너진 상황이었습니다. 그러나 이런 환경은 사상적으로는 칸트-헤겔에 이르며 독일 관념론이 꽃을 피우게 되는 결정적인 계기를 제공했습니다. 주변의 환경이 생각을 막을 수 없다는 것을 보여준 전형적인 사례입니다. 이는 전적으로 스스로 판단하는 능력을 키우며 자신의 생각을 도출해내는 훈련을 지속적으로 실시한 결과입니다.

만일 지금 스스로의 상황이 혼란스러우신가요? 만약 그렇다면 지금은 학문을 익히기에 가장 좋은 시간입니다. 미래를 고민하고 앞으로 무엇을 해야 할지 알아보는 것도 물론 중요한 일입니다. 하지만 이렇게 세운 목표를 체계적으로 이뤄나가고 실천할 수 있도록 돕는 것은 전적으로 이성, 즉 올바르게 생각하기의 힘입니다. 열심히 노력하며 하나하나 이뤄나가는 모습을 통해 보람을 느끼고, 생각의 폭을 넓힐 수 있는 여러분이 되었으면 합니다.

❖ 자신만의 철학을 갖추어라

올바른 철학은 갑자기 하늘에서 떨어지는 것이 아닙니다. 누군가가 끊임없이 생각하고 그 결과를 삶에서 실천해야만 진정으로 올바른 철학이 될 수 있죠. 실현되지 않은 아이디어는 현실에 나오기 전까지는 단순한 상상력에 불과합니다. 사실 아이디어만 가진 사람은 많습니다. 문제는 이를 현실로 옮길 수 있는지의 여부입니다. 세상을 바꾼 위인들은 모두 이에 성공한 사람들입니다.

이상적인 사고방식을 갖기 위한 필요조건은 다양한 것을 보고 접하며 많이 생각하는 일입니다. 꼭 그 매체가 책이어야 할 필요는 없습니다. 생각하는 시간 자체가 훨씬 더 소중하기 때문입니다. 또한 이렇게 얻은 사고방식을 어떻게 사람들에게 전할 수 있을지 생각해야 합니다. 개인이 생각하는 가장 좋은 방법으로 열심히 노력하여 사람들에게 어떤 식으로든 도움을 줄 수 있다면 이는 큰 의미가 있을 것입니다.

저는 올바르게 형성된 신념에 따라 행동하는 사람이 많아졌을 때 사회가 건강해진다고 생각합니다. 올바른 철학을 갖춘 사람은 타인의 시선에 크게 영향을 받지 않습니다. 세상이 요구하는 기준보다는 스스로 이상적이라고 생각하는 가치를 추구하기 때문입니다. 이 때 중요한 것은 자신의 신념이 개인의 욕심을 채우기 위한 방법으로 발현되어서는 안 된다는 점입니다. 자신의 이익도 중요하지만 그만큼 다른 사람들의 이익도 존중 받아야 하기 때문입니다. 아직까지 우리 사회에는 자신의 이익을 먼저 생각하는 사람이 많은 것 같아서 아쉽습니다. 세상을 바꾸는 변화는 자신으로부터 시작되어야 합니다. 이 글을 읽고 있는 우리 먼저 마음을 다시 잡아보는 것은 어떨까요?

제 2 장 뿌 리 깊 은 나 무 는 어 디 에 있 는 가 ?

제12원칙
옳지 않은 것에 저항하라

❖ 약속과 사기는 다르다

사람을 설득하는 가장 강력한 수단은 무엇일까요? 정답은 아마 '우리가 원하는 것을 이뤄주겠다는 사람들의 약속'일 것입니다. '돈을 벌게 해주겠다, 취업을 도와주겠다, 멋진 이성을 만날 수 있도록 해주겠다'와 같은 내용이 이에 해당될 것입니다. 만약 이런 약속을 이뤄줄 수 있는 사람이면서 개인의 능력도 출중하다면 사회에서 성공할 가능성이 높아집니다. 사람은 근본적으로 자기가 원하는 것을 해 줄 수 있는 사람을 좋아하기 때문입니다.

그러나 여기서 생각해보아야 할 문제가 있습니다. 이 약속이 정말 지켜질 수 있는 것인지의 여부입니다. 설득의 목적은 상대방이 원하는 것을 드러냄으로써 그를 자신의 의도대로 조정하기 위한 것입니다. 그렇기 때문에 편법을 사용하는 사람은 이를 상대방을 속이기 위한 수단으로 활용합니다. 그런데 의외로 이런 전략에 걸려드는 사람이 많습니다. 이는 우리 마음속에 더 잘 살고 싶다는 욕망이 있기 때문입니다. 신용카드로 인해 과도한 빚을 지는 경우가 이에 해당될 것입니다. 자신은 돈이 없지만 쉽게 빚을 내서 물건을 살 수 있는 카드의 도움에 힘입어 사회적 만족감을 누릴 수 있게 되었기 때문이죠. 그러나 실상은 매달 다가오는 카드빚을 막느라 넉넉지 못한 삶을 사는 경우가 많습니다. 대개 옳지 않은 것일수록 유혹의 강도도 커집니다. 이처럼 옳지 않은 것에 저항하기 위해서 우리에게 필요한 가치는 '신념과 용기'입니다. 모두가 옳다고 말하는 상황에서도 자신의 주장을 펼치려면 반대편의 무수한 비난을 감수해야 합니다. 이는 용기만 가지고 되는 일은 아닙니다. 그 사람의 마음속에 굳게 자리잡은 신념의 도움이 함께 해야 하죠.

물론 이렇게 용기를 내어 결단을 내린다 할지라도 모든 것이 순탄하게 돌아가는 것은 아닙니다. 결단이 성공의 절대적 요소가 될 수는 없기 때문입니다. 노력, 주변의 상황, 사람들의 반응 등 다양한 부분을 생각해야 합니다. 우리는 과거의 역사나 주변에서 벌어지는 사건을 통해 이 사실을 아주 쉽게 알 수 있습니다. 우리가 만약 이런 사건에 관심을 갖고 이를 통해 배울 수 있는 점을 찾는다면 나중에 발생할 시행착오를 줄일 수 있습니다. 우리가 과거의 사건에 관심을 가져야 하는 이유이기도 합니다.

✤ 청문회 스타, 초선의원 노무현

초선의원이었던 노무현 대통령이 일약 스타가 된 사건이 있습니다. 1988년 13대 대한민국 국회에서 제5공화국 정부의 비리와 광주 민주화 운동의 진상, 언론기관 통폐합 문제 등을 규명하기 위해 개설한 '제5공화국 청문회(제5공화국에 있어서의 정치권력형 비리조사 특별위원회)'였습니다. 당시 증인으로 참석한 사람은 정주영 현대그룹 명예회장, 장세동 전 청와대 경호실장, 김옥길 전 문교부 장관 그리고 5공의 실세 전두환 대통령이었습니다. 국민들은 청문회를 통해 이들의 잘못을 밝히고 과거를 청산하며 새로운 미래를 맞이 할 기대에 들떠 있었습니다.

그런데 청문회가 생각했던 것과는 전혀 다른 방향으로 진행되면서 참석한 사람들은 당황하기 시작했습니다. 전두환 대통령은 국회에 출석하여 질문에 응답하는 것이 아니라 증인 선서 없이 준비해 온 발표문을 읽기만 했습니다. 5.18 광주 민주화 운동에 대한 대처가 정당한 자위권 발동이었다는 것이 주된 내용이었습니다. 이후 야당의 질문에 대해서는 철저하게 묵비권을 행사했습니다. 설상가상으로 함께 참석한 증인들도 모르겠다는 대답만 반복하며 시간을 끌었습니다. 준비한 내용을 다 말하고 질문에 명확하게 대답하지 않은 채로 전두환 대통령이 퇴장하자 특위위원 중 한 명이었던 노무현 대통령은 분을 참지 못하고 명패를 집어 땅에 내팽개쳤는데 이 장면이 TV로 생중계되면서 그는 일약 스타가 됩니다. 소신 있는 야당 정치인이라는 이미지가 부각된 결과입니다. 초선의원이었기 때문에 사람들의 눈에 신선하게 보였을 것이라는 이유도 생각해 볼 수 있습니다.

그러나 그가 명패를 집어 던지는 행위만으로 유명세를 탄 것은 아닙니다. 참석한 증인들에게 변호사 시절의 경력을 살려 날카롭고 조리 있는 질문을 차분하게 던지는 모습을 매일 전국의 시청자들이 볼 수 있었기 때문입니다. 잡아떼기, 감싸기, 한풀이 목적의 고성이 오가는 상황에서 그가 보인 침착하고 논리적인 모습에 많은 사람들이 공감했습니다. 그러던 그가 분을 이기지 못하고 명패를 던졌으니 사람들은 그를 호방하면서도 정의감이 넘치는 인물로 생각했을 것입니다.

노무현 대통령이 그렇게 행동했던 이유는 무엇일까요? 단순히 정의는 승리하고 악은 무너진다는 이분법적인 요소만 생각한 것은 아니었을 것입니다. 다만 지금보다 더 나은 곳을 만들기 위해 노력하는 모습 그 자체에서 큰 의미가 있었다고 생각합니다. 비록 청문회에서 그의 의도에 부합하는 목적을 달성하지는 못했지만 올바른 것을 위해 자신의 의견을 표현하고 이를 우리의 생활에 반영시킬 수 있도록 노력하는 과정을 통해 지금 우리는 그 때보다 많은 혜택을 누리고 있습니다. 감사해야 할 일이 아닐 수 없습니다.

❖ 은둔에서 세상으로

'사람은 평균 25세에 죽지만 75세가 되어야만 묻힌다.'는 말이 있습니다. 이 말이 나오게 된 배경은 무엇일까요? 정답이 확실하게 정해진 것은 아니지만 저는 이런 문구가 나오게 된 이유가 '대부분의 사람들이 25세가 되면 꿈을 잃고 능동적으로 살아가지 않기 때문'이라고 생각합니다. 정말 제대로 살아가려면 우리는 어떤 노력을 기울여야 할까요?

우리는 이를 니체의 작품인 '차라투스트라는 이렇게 말했다(Also sprach Zarathustra)'를 통해 엿볼 수 있습니다. 이 작품은 우리가 익히 알고 있는 '신은 죽었다'나 '인간은 짐승과 초인 사이에 놓인 밧줄이다' 라는 표현이 나온 책이기도 합니다. 책을 읽고 난 뒤 그의 의견에 동조하는 사람들이 많아지면서 종래에는 '니체를 이해하려면 이 책을 읽어라' 라는 말까지 나오게 되었습니다. 그만큼 이 책은 니체의 사상을 압축적으로 잘 표현하고 있는 고전입니다.

1부의 서두 차라투스트라의 서설은 다음과 같은 지문으로 시작합니다.

"차라투스트라는 30세 때, 그를 낳아준 고향과 고향의 호수를 떠나 산으로 들어갔다. 거기에서 그는 자신의 정신과 고독을 즐기며 10년 동안 지냈으나 결코 지루한 줄 몰랐다. 그러다가 마침내 그의 마음이 바뀌었다."

이후 이야기는 마음이 바뀐 차라투스트라가 지혜를 군중들에게 전달하는 과정을 묘사합니다. 물론 이는 순탄치 않았습니다. 차라투스트라는 다양한 시련과 고난을 겪으며 인간 내면의 '사막'을 목격하고 다시 산으로 올라갑니다. 총 4부로 이루어진 이 작품은 초인을 찾는 주인공의 여정을 통해 겪는 고난과 이를 통해 새로운 태양을 맞이하는 과정까지를 다루고 있습니다. 진리를 찾고 이를 사람들에게 나누며 스스로도 발전하려고 했던 차라투스트라의 모습을 우리에 대비시켜 본다면 작품이 더 재미있을 것이라 생각합니다.

저는 이 작품에서 중요한 개념 중 하나로 '시장'을 들고 싶습니다(물론 다른 중요한 개념도 많이 있으니 시간을 내어 한 번 읽어볼 것을 권합니다). 이 작품에서 시장은 많은 사람들이 모이는 장소로 이 곳에서는 돈이라는 가치관이 다른 모든 것보다 우선시 됩니다. 우리 주변에 욕심에 사로잡힌 사람들이 많다는 사실로 미루어볼 때 지금 우리가 있는 곳을 가장 잘 나타내는 말은 시장입니다. 시장에서는 다양한 일이 일어납니다. 물건을 사면서 제품을 속이기도 하고, 더 깎아줄 수 있는데도 자신의 이익을 위해 상대방을 배려하지 않는 일이 발생하기도 하죠. 이런 상황에서 중요한 것은 시장에 있는 사람들의 판단능력입니다. 만약 시장에 있는 이들에게 판단할 수 있는 힘이 없다면 누군가의 선동에 의해 쉽게 동요

됩니다. 안타깝게도 이런 일이 일어나는 빈도는 꽤 높은 편입니다. 이런 상황에서 우리가 어떤 마음으로 살아야 할지 고민하는 것도 앞으로의 인생을 결정하는데 중요한 요소가 될 것입니다.

그가 세상에 나왔다가 다시 사람이 없는 곳으로 들어가는 생활을 반복했던 이유는 무엇이었을까요? 세상에 대한 환멸을 느끼면서도 반대로 세상을 사랑하는 마음이 있었기 때문에 이를 실현하고자 열심히 노력했던 것이라고 생각합니다. 아무리 가능성이 없어 보인다 할지라도 우리는 할 수 있는 것을 다 하고 난 뒤에 그 결과를 기다려야 합니다. 차라투스트라 역시 이런 기분이었을 것입니다. 시장에서 아무리 외쳐봐야 소용없다는 사실을 알면서도 끊임없이 다른 방안을 모색했던 그의 모습을 통해 우리는 진리를 전파하려는 열정을 간접적으로 느낄 수 있습니다. 우리 역시도 그의 자세를 통해 자신을 극복하고 더 나은 존재가 되기 위한 노력을 게을리 하지 말아야 합니다. 만약 세상에 의롭지 않은 사람이 많다면 이는 외로운 싸움이 될 것입니다.

우리는 살면서 내가 세상을 살아가는 이유에 대해 깊이 생각해보아야 합니다. 세상이 옳지 않은 것들로 가득 차 있을 때 우리가 할 수 있는 선택은 무엇일까요? 무리에 순응하며 지내는 방법도 있고, 자신의 믿음을 지키며 세상을 바꾸기 위해 노력할 수도 있습니다. 솔직히 말하면 자신의 믿음을 지키며 홀로 외로운 싸움을 하는 것보다는 세상에 순응하며 살아가는 것이 훨씬 편합니다. 그럼에도 불구하고 저는 옳지 않은 것에 저항하라는 말씀을 드리고 싶습니다. 차라투스트라가 세상이 부조리하다고 비난하면서도 끊임없이 진리를 찾으려 노력했던 모습을 떠올려보시기 바랍니다. 세상은 바로 이런 사람으로 인해 조금씩 바뀝니다. 우리가 이런 사람이 되지 못할 이유는 어디에도 없습니다. 문제는 우리의 의지입니다.

❖ 옳지 않은 것에 저항하라

우리 주변에서는 옳지 않은 일이 생각보다 훨씬 자주 발생합니다. 그 이유는 앞서 말씀드렸던 대로 사람들의 욕심 때문입니다. 사람들의 행동 방식은 그 사람이 어떤 욕심을 지니고 있느냐에 따라 결정됩니다. 이는 사람들의 마음을 하나로 모으기도 하고 분열시키기도 합니다.

우리는 올바른 신념을 지키기 위해 노력해야 합니다. 이는 단순한 자기 만족의 수준이어서는 안 됩니다. 오히려 내 삶 가운데서 그 가치가 드러나고 이를 다른 사람들에게 전달할 수 있는 구체적인 수준이어야 하죠. 그렇지 않은 가치와 철학은 의미가 없습니다. 사람이 살아가는 이유는 모두가 함께 살 수 있는 아름다운 세상을 만들기 위해서입니다.

물론 이렇게 행동해도 우리가 얻을 수 있는 것은 없다고 생각하는 사람들도 있습니다. 하지만 따지고 보면 모든 역사는 우리가 무의미하다고 생각했던 것에서부터 시작되었습니다. 지금은 비록 그 성과가 미미하게 보일 수도 있지만 그것이 만약 먼 미래에 사람들에게 도움이 될 수 있는 것이라면 우리가 하고 있는 이 일은 큰 의미가 있는 것들입니다. 사실 우리가 지금 누리는 것들은 모두 과거 사람들의 피와 땀으로 인해 만들어진 결과입니다. 이를 무시하고 우리가 살아갈 수는 없습니다.

 이런 상황에서 우리는 어떤 신념을 갖고 살아가야 할까요? 단순히 짧은 미래의 이득을 위해 양심을 저버릴 수도 있고 아니면 우리의 미래를 위해 더 떳떳한 행동을 할 수도 있을 것입니다. 결국 선택은 우리의 몫입니다. 그 선택에 따라 세상이 나가야 할 방향이 바뀌게 될 것입니다. 기왕이면 더 바람직한 방향으로 바뀌었으면 좋겠다는 생각을 해봅니다.

제 2 장　뿌리 깊은 나무는 어디에 있는가?

제13원칙

고고한 신념을 가져라

❖ 세상을 움직이는 힘, 신념

사람들은 누구나 마음속에 신념을 품고 있습니다. 신념은 그것의 크고 작음과는 상관없이 사람의 인생을 결정짓는 중요한 요소입니다. 그렇기 때문에 우리가 어떤 것을 보고 배우느냐는 정말 중요합니다. 그렇기 때문에 부모는 아이에게 항상 좋은 것을 보여주려 노력합니다. 이 목적에 부합하는 활동으로는 체험학습이나 수학여행 같은 것들이 있습니다.

그렇다면 우리는 어디에 관심을 가져야 할까요? 저는 이 질문에 '다른 사람들에게 모범이 되는 사례'를 배워야 한다고 생각합니다. 또한 이 사례를 통해 배운 법칙을 자신의 삶에 적용할 수 있어야 하죠. 무언가를 배웠음에도 불구하고, 바뀌는 것이 없다면 그것은 지식을 제대로 배운 것이 아닙니다. 안타깝게도 요즘은 배운 것을 제대로 실천하는 사람의 수가 적은 편입니다. 제대로 된 길을 따라가지 않고 지름길과 요행을 통해 성과를 내는 것이 훨씬 편하다는 인식 때문입니다.

사람들이 이런 생각을 하게 된 데는 이런 원칙과 신념은 단순하게 얻어지는 것이 아니라는 점이 크게 작용했습니다. 프랑스 대혁명을 보면 우리는 이 사실을 쉽게 알 수 있습니다. 프랑스 시민은 자유를 위해 투쟁했고 엄청난 피를 흘렸습니다. 무언가를 얻고자 한다면 몸과 마음을 바쳐 노력해야 한다는 것은 만고 불변의 진리입니다. 물론 사람마다 생각이 다르기 때문에 내가 생각하는 진리는 차이가 있습니다. 전적으로 그 사람의 가치관에서 발생하는 문제입니다. 이 차이를 이해할 수 있다면 아마 그는 세상을 바라보는 새로운 눈을 갖게 될 것입니다.

❖ 고고한 신념을 지켜라

노무현 대통령은 직접 쓴 자서전인 '여보, 나 좀 부탁해'에서 3당 합당 때 뜻을 같이 하지 않은 것에 큰 자부심을 느낀다고 말했습니다. 그렇다면 그가 말하는 3당 합당은 무엇일까요? 3당 합당은 1990년 1월 22일에 당시 집권여당이었던 노태우 대통령의 민주정의당(이하 민정당)이 제2야당인 김영삼 대통령의 통일민주당과(이하 민주당), 제3야당인 김종필 총재의 신민주공화당(이하 공화당)과 합당하여 민주자유당(현 새누리당의 전신)을 출범시킨 사건을 말합니다. 노무현 대통령은 이를 밀실야합이라 규정하며 이 사태를 강하게 비판했습니다. 정치적 후원자였던 김영삼 대통령과도 결별하게 되죠.

노무현 대통령이 3당 합당을 야합이라고 규정한 데는 몇 가지 이유가 있습니다. 가장 먼저 들었던 이유는 '장기 집권을 위해 국민의 의사를 무시한 채 군사정권(민정당)과 결탁했다는 것' 이었습니다. 그는 이로 인해 그동안 피와 땀을 흘리며 싸워 쟁취한 민주주의의 가치가 훼손되었다고 판단했습니다. 그래서 그는 3당 합당을 민주진영의 분열과 불신을 불러일으킨 기회주의적 거대보수연합이 탄생한 사건으로 규정하고 합당에 참여하지 않았습니다.

아마 이 글을 읽는 여러분이 3당 합당과 관련하여 기억하고 있는 노무현 대통령의 추억은 김영삼 대통령이 통일민주당을 해체할 당시에 그가 했던 말인 '이의 있습니다' 일 것입니다. 3당 합당 시에 김영삼 대통령이 '구국의 차원에서 통일민주당을 해체합니다. 이의 없습니까? 이의

가 없으므로 통과됐음을 …….' 이라고 말하는 순간에 노무현 대통령이 '이의 있습니다. 반대토론을 해야 합니다.' 라며 나선 것입니다. 노무현 대통령이 김영삼 대통령과 갈라서게 된 시기도 바로 이 때입니다. 노무현 대통령은 김영삼 대통령의 이와 같은 행동을 민주화 운동에 대한 배신으로 생각했습니다.

만약 우리가 그 상황이라면 어떻게 행동했었을지 생각해봅시다. 아무도 반대하지 않는 상황에서 홀로 이의를 제기할 수 있는 용기는 범인이 갖기 어려운 것입니다. 그럼에도 불구하고 그는 자신의 의견을 굽히지 않았습니다. 발언을 한 뒤에 발생하게 될 불이익에도 개의치 않았죠. 아마 대부분의 사람들은 그 상황에서 손을 들고 말을 하기가 매우 어려웠을 것입니다.

만약 그가 3당 합당 때 당적을 옮기기로 결심했다면 성공 가능성이 훨씬 더 커질 수도 있었을 것입니다. 그러나 그가 이런 선택을 하지 않았던 이유는 바로 올바른 것이 아니면 따르지 않겠다는 정치적 신념 때문이었습니다. 그는 이에 관해 다음과 같이 말하고 있습니다.

"1990년 3당 합당 때 여당에 따라갔다면 국회의원이야 세 번, 네 번 하고 장관도 일찍 하고 도지사, 시장도 한번 지냈을지 모릅니다. 그러나 떳떳하지 못할 것입니다. 적어도 잘못된 정치 풍토에 대해 타협하지 않는 것이 저희 큰 자부심이고 행복입니다."

수많은 사람들이 자신과 다른 선택을 했는데도 불구하고 옳다고 생각하는 일을 밀어붙이는 것은 보통 뚝심으로 되는 일이 아닙니다. 저는 그가 세상을 바꿀 힘이 있었기 때문에 이런 결심을 했다고는 생각하지 않습니다. 노무현 대통령이 이런 선택을 한 이유는 그것이 옳지 않다고 생각했기 때문입니다. 물론 그의 결심에 모두가 동의하지는 않을지도 모릅니다. 다만 저는 여러분들께 자신의 이익만을 위해 움직이는 태도보다는 양심에 손을 얹고 생각했을 때 옳은 일과 옳지 않은 일에 근거하여 행동해야 된다는 말씀을 드리고 싶습니다. 올바른 세상이 되려면 사람들은 응당 그렇게 살아가야 합니다.

✢ 외로운 싸움, 소크라테스의 변명

노무현 대통령이 겪었던 상황은 역사 속에서도 비슷하게 재연되었던 적이 있습니다. 억울한 누명을 쓰고 재판에 참석했지만 이에 굴하지 않고 자신의 생각과 논리를 관철시켰던 소크라테스의 재판이 바로 그 예입니다. 소크라테스는 고대그리스의 철학자로 오늘날 존재하는 거의 대부분의 서양철학에 영향을 미친 지대한 인물입니다. 혹자는 서양 철학의 시작을 소크라테스라고 주장하기도 하죠. 이는 소크라테스가 끼친 철학사적 영향을 존중해주고 싶은 그의 의지일 것입니다.

이토록 명망 있는 그가 왜 재판정에 서게 된 것일까요? 소크라테스가 고소당한 표면상의 이유는 '국가의 신을 믿지 않고 청년들에게 나쁜 영향을 미친 죄'입니다. 왜 소크라테스는 이런 죄목으로 고소를 당했을까요? 그 이유는 소크라테스가 사용했던 사유의 방식인 문답법(혹은 산파

술) 때문이었습니다. 그는 대부분의 경우 자신이 상대방보다 모른다는 것을 전제로 하고 기본적인 질문부터 시작해 그 사람의 본질을 파악하는 과정을 거치며 진리를 탐구했습니다. 사람들과의 대화를 통해 도덕 철학의 기본 내용인 경건함, 선함, 좋음 등의 개념을 명료하게 만들었던 것이지요. 결국 그는 결국 '자기가 안다는 것을 제대로 아는 사람은 없다'라는 사실을 깨닫고는 '나는 내가 아무 것도 모른다는 걸 안다'라는 말을 남겼습니다.

정치를 하는 사람들의 입장에서는 아무래도 소크라테스의 이런 태도가 좋지 않게 보였을 것입니다. 사람들을 붙잡고 진리를 탐구하며 나름대로 사회적 영향이 작지 않았던 사람이 고작 한다는 얘기가 '자기가 안다는 것을 제대로 아는 사람은 없다'와 같은 내용이었기 때문입니다. 소크라테스의 논리대로라면 정치를 하는 사람도 결국은 아는 게 전혀 없다는 결론이 나오니, 정치인들은 당연히 자신들의 기반이 흔들릴 것을 우려했을 것입니다. 재판정에 그를 세운 것도 어떻게 보면 자연스러운 과정이었을 테죠.

저는 여기서 우리가 지식을 추구할 때 필요한 자세에 대해 짚고 넘어가려 합니다. 지식을 올바르게 익히려면 우리는 어떤 조건을 만족시켜야 할까요? 저는 그 질문에 가장 먼저 대답하고 싶은 것으로 '호기심, 질문 그리고 대답'을 들고 싶습니다. 먼저 어떤 사물이나 현상에 대해 호기심을 가진 뒤 이를 자신만의 논리로 풀어나가는 과정이 필요한 것이죠. 학교 공부를 할 때도 마찬가지입니다. 프랑스 혁명이 1789년도에 일어났다는 사실을 외우는 것보다는 프랑스 혁명이 왜 일어났는지를 아는 것이 더 중요합니다. 그 사이에 있었던 수많은 사건들의 역학관계를 살피며 이를 우리가 어떻게 바라보아야 할지를 고민하는 것이 더 생산적이라는 뜻입니다.

어쨌든 소크라테스는 재판정에서 스스로를 변론합니다. 우리는 이 내용을 플라톤이 쓴 '소크라테스의 변명'이라는 책에서 확인할 수 있습니다. 이 책의 핵심내용은 우리들이 신의 지(知)에 대해서는 전혀 알지 못하므로 그러면 그러할수록 진실된 앎(眞知)을 사랑하고 정신을 높여야 한다는 점, 신체나 재산보다 먼저 이 일에 마음을 써야 할 것과 이 앎을 사랑하고 구하는 것입니다. 소크라테스는 이것이야말로 인간이 행복하게 사는 가장 큰 열쇠라고 강조했습니다.

사람들은 어떤 기준을 마음속에 품고 인생을 살아가야 할까요? 먼저 저는 내 가치관을 확고히 하고 세상을 향해 자신의 생각을 의연하게 외칠 수 있는 당당함이 필요하다고 생각합니다. 물론 이를 위해서는 올바른 것을 이루고자 하는 마음이 선행되어야 합니다. 그리고 꾸준히 자신의 능력을 향상시키려는 노력이 지속되어야 하겠지요. 이는 단순히 학교 공부를 잘하는 것만을 통해서는 이뤄지지 않습니다. 호기심을 갖고 주변의 사물을 관찰하며 스스로 생각할 수 있는 시간이 많아야 하기 때문입니다.

소크라테스 역시 참된 지식을 추구하려는 호기심과 열정으로 한 시대를 풍미했습니다. 이 글을 읽는 여러분은 무엇을 배우는 걸 좋아하나요? 주변을 돌아보며 궁금한 것들을 하나 둘씩 찾아보시기 바랍니다. 사실 철학은 별게 아닙니다. 주변의 궁금한 점을 생각을 통해 해결하는 것이 기본적이면서도 가장 중요한 철학적 사고이기 때문입니다. 이 글을 읽는 모든 사람들이 그런 열정과 실행력을 갖출 수 있었으면 합니다.

❖ 인간의 의지는 어떻게 표현되어야 하는가?

감옥에서 26년을 지내고도 아프리카 민족을 이끄는 리더가 된 넬슨 만델라를 움직였던 신념은 무엇이었을까요? 일반적으로 사람들이 생각하는 수감생활은 매우 어렵고 힘이 듭니다. 그런 상황에서 자신에게 필요한 가치를 떠올리고 이를 간직하려면 보통사람들과는 다른 의지가 필요합니다. 그는 당시의 감옥생활을 다음과 같은 말로 표현했습니다.

"감옥은 그 자체로 고통과 인내심이 필요한 엄청난 교육이다. 결국 감옥은 인간의 의지를 시험하는 곳이다."

우리는 살면서 자신이 생각하는 것과 상충되는 신념을 필연적으로 만날 수 밖에 없습니다. 부부간에 일어나는 사소한 다툼부터 국제 외교에서 벌어지는 치열한 논쟁에 이르기까지 그 종류도 다양하죠. 대개 이런 경우 사람들은 다수에게 도움이 되는 방안을 선택하는 것이 옳다고 생각합니다. 많은 사람들의 의지가 올바른 결정에 반영되어야 한다는 뜻이죠.

그러나 이 법칙이 항상 적용되는 것은 아닙니다. 벤담과 밀이 주장했던 공리주의를 학교에서 배울 때 학생들은 '100명의 이익을 위해서 1명을 희생시키는 것이 정당한가?'에 대한 부분을 배웁니다. 벤담과 밀은 이를 옳다고 하지만 칸트는 1명의 인권이나 100명의 인권이나 그 고귀함은 동일하다는 근거 하에 둘의 주장을 정면으로 반박합니다. 저는 칸트의 입장을 지지합니다. 세상에는 어떤 이유보다도 우선시 되는 고귀한 가치와 권리가 있다고 믿기 때문입니다.

노무현 대통령은 3당 합당을 '개인의 이익을 위해 다른 사람들과의 신의를 버리는 행위'라고 판단했고 이에 동참하지 않았습니다. 여러분들은 이 사건을 어떤 시선으로 바라보고 계신가요? 이 질문에 대한 대답은 세상에서 꼭 지켜져야 할 가치가 있는지 없는지에 따라 달라집니다. 아마 일부는 동의할 것이고 일부는 반대의견을 던질 것이라 생각됩니다.

저는 어떤 일을 할 때 중요하게 생각해야 할 가치로 '최대한 많은 사람들의 입장을 헤아리면서도 그 일이 윤리적으로 흠결이 없어야 한다는 점'을 꼽고 싶습니다. 편법으로 원하는 목적을 달성할 수 있을 것이라는 발상은 잘못된 생각입니다. 우리는 올바른 방법으로 지식을 익히고 공부하며 사회에 도움이 되는 일을 해야만 합니다. 그런 면에서 노무현 대통령의 이 사례는 한 번 깊이 생각해보아야 할 필요가 있습니다.

제3장
믿음으로 만드는 관계

제 3 장 믿음으로 만드는 관계

제14원칙
세상의 편견에 도전하라

❖ 첫인상은 편견인가?

엘시 링컨이 쓴 '첫인상으로 사람을 판단하는 법(How to analyze people on sight)' 이란 책이 있습니다. 서양판 사상의학 버전이라 할 수 있는 이 책은 사람의 유형을 비만형, 가슴형, 근육형, 뼈형, 두뇌형 등으로 나누고 이들이 지닌 특징과 성향을 이야기합니다.

예를 들면 이런 식입니다. 작가는 근육형 인간을 말할 때 그들이 우리 몸을 움직이는 근육의 성질을 많이 닮아 실행지향적이고 기술자가 많은 편이라 강조하며, 두뇌형 인간은 스스로 지적 산물을 생산해서 다른 사람을 이롭게 하는 일에 능하기 때문에 작가나 번역, 통역이나 교육 등에 재능을 보인다는 내용을 언급합니다. 만약 우리가 이런 정보를 알고 있다면 그 사람의 외형만 가지고도 기본적인 성향을 유추할 수 있습니다. 대화를 이끌어가거나 자신의 의도를 전달하는데 필요한 효율적인 전략을 고민할 수도 있죠.

물론 이렇게 확보한 정보가 항상 옳은 것만은 아닙니다. 부정적인 정보를 얻을 수도 있기 때문입니다. 애석하게도 나쁜 방향으로 형성된 첫인상은 대개 편견으로 작용합니다. 편견을 타파하기 위해 그 사람은 많은 노력을 기울여야 합니다. 첫인상을 바로잡는 데는 일반적으로 매우 오랜 시간이 걸립니다. 우리 모두는 이런 특성이 서로에게 좋은 일이 아니라는 것을 알고 있으면서도 기존에 형성된 습관을 쉽게 버리지 못합니다.

편견으로 인해 생기는 가장 큰 문제점은 사람을 잘못 판단하게 된다는 점입니다. 일을 잘 할 것이라고 생각했던 친구가 의외로 허당이거나, 별 볼일 없다고 생각했던 친구가 반전매력을 뿜내는 것이 대표적인 예에 속합니다. 지나간 다음에 후회해봐야 소용없지만 우리는 살면서 의외로 이런 상황을 많이 경험합니다.

게다가 첫인상 이외에도 편견이 작용하는 방식은 또 있습니다. 지역에 따른 편견, 혈액형에 따른 편견 등 그 종류는 많습니다. 이처럼 편견이 많은 상황에서 문제를 해결하기 위해 우리가 할 수 있는 일은 무엇일까요? 정말 세상의 편견은 극복하기 힘든 것일까요?

∴ 바보 노무현과 노사모

노무현 대통령은 1988년부터 2000년까지 선거에서 총 4번의 고배를 마셨습니다. 저는 이 선거 가운데 가장 눈여겨보고 싶은 부분으로 2000년에 부산에서 낙선했을 때를 꼽고 싶습니다. 그 이유는 이 선거에 도전하기 위해 안정적인 기반인 서울 종로 지역구를 포기했기 때문입니다. 당시 많은 사람들이 부산 출마를 만류했음에도 불구하고 지역분열을 막고자 하는 목적 하에 출사표를 던졌던 것이죠.

이처럼 호기롭게 시작했지만 아쉽게도 결과는 낙선으로 끝났습니다. 사람들은 이 모습을 지켜보며 노무현 대통령이 왜 부산에서 선거를 진행했는지 궁금해 하기 시작했습니다. 서울에서 선거를 치렀으면 무난하게 당선되었을 텐데 왜 부산에서 출마를 했냐는 것입니다. 우리는 그 이유를 다음의 인터뷰를 통해 확인할 수 있습니다.

"1995년 부산시장 선거에서 민주당 깃발을 들고 도전했습니다. 부산시민들이 민주당을 탈당하면 뽑아주겠다고 권유했지만 저는 거부했습니다. 그것은 지역주의에 영합하는 일입니다. 정치인의 원칙과 정도가 아니기 때문입니다."

이 말에는 지역주의에 편승하지 않고 정도를 지키겠다는 그의 신념이 배어있습니다. 그가 이토록 이 지역구에 집중했던 이유는 어쩌면 이 일이 대한민국 정치에 꼭 필요한 부분이었다는 것을 시민들이 깨달았으면 좋겠다는 그의 마음 때문인지도 모르겠습니다. 이후 그는 바보라는 별명을 얻었습니다. 이를 안타깝게 여긴 네티즌들이 노사모를 조직하기도 했죠. 노사모는 이후 그의 든든한 정치적 후원자가 되었습니다.

투표를 할 때 유권자가 가장 중요하게 생각해야 할 것은 지역감정보다는 후보가 제시하는 정책과 후보의 신념입니다. 그럼에도 불구하고 투표를 할 때가 되면 이런 가치보다는 어느 지방에서 자라고 나왔는지가 훨씬 더 중요한 요소가 됩니다. 그렇기 때문에 특정 정당을 선호하는 지역에서 선거가 치러지면 반대편에서는 당선이 확실한 후보보다는 당에 피해를 주지 않을 정도의 후보를 전략적으로 세우기도 합니다. 그런 면에서 노무현 대통령은 적절한 후보가 아니었습니다. 그가 만약 부산에 출마하게 된다면 당선이 확실시 되는 서울의 지역구 하나가 사라지기 때문입니다. 부산에서 당선될 확률도 높지 않았기 때문에 우려감은 더 커졌습니다. 물론 우리가 알고 있는 것처럼 결과 역시도 좋지 않았죠.

사실 이 선거를 지켜본 사람들의 의견은 그다지 호의적이지 않았습니다. 이길 수 있었던 싸움을 포기하고 실익도 없는 판에 끼어들어 당에 폐를 끼쳤다고 생각하기 때문입니다. 아마 상대편의 입장에서는 이런 상황이 내심 반가웠을 것입니다. 그럼에도 불구하고 그가 이런 결심을 내렸던 이유는 간단합니다. 정도를 지키며 정치를 해보자는 것이었습니다.

우리는 이 사례를 통해 세상의 편견에 의지하지 않고 자신의 신념을 지키며 도전하는 자세를 배울 수 있습니다. 비록 그 결과가 좋지 않게 나오더라도 우리는 이런 자세로 세상을 살아가야 합니다. 세상의 편견에 맞서 싸우지 못하는 사람은 자신을 변화시킬 수 없습니다. 자신을 변화시킬 수 없는 사람은 세상을 바꿀 수 없습니다. 우리가 공부를 하는 목적은 세상에 도움이 되는 사람으로 자라나는 것입니다. 편견을 그대로 받아들이면 우리 스스로도 세상을 바라보는 옳지 않은 안경을 낄 가능성이 높습니다. 우리는 최대한 많은 종류의 안경으로 세상을 바라보는 연습을 해야 합니다. 편견을 올바르게 바꾸고 그 과정을 통해 발생하는 긍정적인 피드백을 즐긴다면 아마 우리의 삶이 지금보다 훨씬 더 윤택해 질 수 있을 것이라 생각합니다.

❖ 뿌리 깊은 네포티즘

전쟁에서 한번도 지지 않았던 명장에는 누가 있을까요? 우리나라에서는 임진왜란 시기에 바다를 누볐던 명장인 이순신이, 고대 중국에서는 76번의 전투에서 한 번도 패하지 않은 오기가 있습니다. 그들이 전쟁에서 이토록 강할 수 있었던 이유는 무엇이었을까요? 아마 그들은 능력이 뛰어나고 이를 활용할 수 있는 전술이 있었을 것이며, 가치관 역시 보통사람들과는 달랐을 것입니다. 실제로 이순신은 군함 10여 척으로 왜의 함선 300여 척을 물리치는 큰 성과를 냈습니다. 물론 이로 인해 정부의 시기를 받기도 했죠.

그렇다면 오기는 어떤 사람이었을까요? 그는 중국 전국시대의 군사지도자이며 정치가였습니다. 군대를 이끄는데 재능을 보이며 노, 위, 초나라를 섬겼지요. 뛰어난 능력이 있었지만, 이를 인정해주지 않고 자신들의 이익만을 챙기려는 사람들 사이에서 많은 고초를 겪습니다. 다시 말하면 네포티즘의 희생양이었다고 할 수 있죠.

네포티즘은 지역연고주의 또는 족벌주의를 뜻합니다. 실력이 확실한 사람들 중 아는 사람을 쓰는 것은 매우 당연한 일입니다. 그러나 네포티즘이 문제가 되는 이유는 바로 능력이 있는데도 불구하고 그 지역사람이 아니라는 이유로 배척을 받는데 있습니다. 오늘 이야기할 오기 역시 네포티즘 때문에 많은 고초를 겪었습니다. 노나라에서 대장군 후보로 올라갈 정도로 능력이 있었는데도 불구하고 국가에서 자신을 믿어주지 않았던 것입니다. 그 이유는 오기의 아내의 국적이 자신이 충성을 바치기로 한 나라와 적대관계에 있는 제나라였기 때문입니다.

결국 오기는 아내의 목을 베고 이를 노나라의 관료들에게 가져가는 초강수를 통해 그들의 신임을 얻습니다. 이 때 오기가 느꼈던 감정은 무엇이었을까요? 사랑하는 아내를 죽였다는 죄책감에 몸부림 쳤을 수도 있고, 혹은 아내를 생각하기보다는 자신의 야망을 이룩하려는 생각을 마음속에 품고 있었을지도 모르겠습니다. 기록에 의하면 오기는 자신의 현실을 인정하면서도 노나라의 뿌리깊은 연고주의를 저주했다고 합니다. 이후 오기가 노나라에서 승승장구했다면 그는 나름대로 만족한 삶을 살았을 것입니다. 그러나 대장군이 되어 전쟁에서 승리하는 혁혁한 성과를 이뤘음에도 불구하고 노나라는 오기의 출생에 대한 험담을 늘어놓았고 결국 오기는 노나라를 떠나서 위나라로 가게 됩니다. 다행스럽게도 위나라에서는 자신의 능력을 인정받아 약 25년의 기간 동안, 가진 바 능력을 펼칠 수 있게 됩니다.

오기는 다른 시대에 살았던 훌륭한 군사 지도자인 손자와 많은 면에서 비교됩니다. 둘 모두 주장하는 것은 비슷하나, 중점을 두고 있는 부분이 약간 다르기 때문입니다. 손자가 스파이와 지형을 활용하거나, 군대를 운용하는 방법을 통해 적의 힘을 역이용하는 것을 주로 이야기한다면 오기는 자국 군대의 힘을 이상적인 방법으로 키운 뒤, 정공법으로 공략할 것을 주장합니다(물론 손자가 훈련을 강조하지 않은 것은 아닙니다). 혹자는 그래서 손자병법이 도가의 사상과 비슷하고 오자병법이 유가 혹은 법가의 사상과 비슷하다는 이야기를 합니다(오기가 활약했던 시기가 유가와 법가의 중간시기이기 때문에 이런 해석이 나오고 있습니다).

저는 손자병법이 오자병법보다 사람들에게 더 유명한 이유가 '손자병법'이 갖는 특징에 있다고 생각합니다. 춘추전국시대의 사람들은 시간이 걸리는 것보다는 당장 활용할 수 있는 임기응변 류의 지식을 선호했을 것입니다. 하루가 지나도 왕이 수시로 바뀔 수 있는 위험이 있는 시기였기 때문입니다. 영어를 잘하기 위해서 '낭독과 연습'이 필요하다는 것은 누구나 알고 있지만, 이보다 더 빨리 외국어를 배울 수 있는 방법을 찾는 한국사람들처럼 이들 역시 짧은 시간에 성과가 나오는 것을 선호했을 것입니다. 하지만 오기는 그렇지 않았습니다. 임기응변보다는 정공법을 택했고, 사람에게서 나오는 힘을 강조했습니다. 지형과 천기가 전쟁에서 중요하다는 손자의 입장과는 약간 차이가 있지요.

그랬기 때문에 전쟁에 참여하게 되면, 오기는 그 누구보다 솔선수범하여 군율을 지켰습니다. 병사들과 똑같은 음식을 먹고, 병사들이 다 잠자리에 들기 전까지는 자신도 잠을 청하지 않았지요. 대장군이라면 편한 침대에 맛있는 음식을 먹을 수 있었는데도 그렇게 하지 않았던 이유는 아마 그가 가진 가치관에 있었을 것입니다. 이는 많은 병사들의 귀감이 되었을 것입니다.

오기는 병사를 아버지가 아이를 기르는 것처럼 사랑해야 한다고 말했습니다. 상처에서 피고름이 나고 있는 병사에게 가서 입으로 직접 고름을 빨아낸 일화는 매우 유명합니다. 이 소식을 들은 어머니는 통곡을 했다고 하는데 그 이유는 '대장군이 직접 아들의 상처를 몸을 사리지 않고 돌보아주었으니, 우리 아이가 전쟁에서 죽음을 각오하고 싸울 것'이기 때문이었습니다. 실제로 그 어머니의 남편 역시 오기가 고름을 빨아준 병사였고 전쟁에서 죽기를 각오하고 싸우다 전장에서 죽음을 맞이했습니다. 이 사례를 통해 우리는 오기가 얼마나 병사들을 생각했었는지 알 수 있습니다. 오기가 이토록 병사들에게 마음을 쏟은 이유는 전쟁에서 '정예병'이 얼마나 중요한지 알고 있었기 때문입니다. 우리는 이 내용을 오자병법을 통해 확인할 수 있습니다.

"잘 다듬어진 군대는 평상시에는 상호간 예절이 깍듯하고, 일단 움직였다 하면 위풍이 당당하여 공격할 상대가 없고, 후퇴하더라도 쫓아올 수 없다......(중략)......상하가 생사고락을 함께 한다. 이런 군대는 한 덩어리가 돼 흩어지는 일이 없으며 전투가 벌어지면 지칠 줄 모르므로 어디에다 투입해도 당할 자가 없다. 이를 일컬어 '부자지병'이라고 하는 것이다."

이처럼 승승장구하던 오기는 그러나 음모에 빠져서 위나라를 떠나야 하는 상황에 처합니다. 위나라의 왕인 무후가 임명한 공숙이라는 재상 때문이지요. 그는 위나라의 공주를 아내로 둔 부마였습니다. 주변의 측근에게 오기를 쫓아내기 위한 계획을 듣고는 왕에게 공주(자신의 아내가 아닌 다른)를 오기의 아내로 줄 것을 권합니다. 만약 오기가 거절한다면, 의심을 해야 한다는 말을 함께 하면서 말입니다. 이후 공숙은 오기를 자신의 집으로 초청합니다. 자신의 계략을 오기에게 실행하기 위해서지요.

저녁식사 중 공숙은 일부러 자신의 아내인 공주를 화나게 한 뒤 오기 앞에서 깔보게 합니다. 그 광경을 다 본 오기는 이튿날 왕이 제안한 부마(왕의 사위)직을 거절하게 되죠. 이에 왕은 오기를 의심하게 되고 이를 알아챈 오기는 초나라로 망명을 하게 됩니다.

초나라 도왕은 한 번에 오기의 자질을 알아보고 그를 재상으로 삼아 국가를 개혁합니다. 오기는 이에 부응하여 열심히 일을 합니다. 연고주의를 타파하기 위해 기득권층이 누렸던 특권을 모두 박탈하고 실력을 중시한 국가체계를 건설한 것이죠. 기득권층은 오기가 못마땅했지만, 그의 개혁이 불러온 성과가 뛰어났기 때문에 딱히 그를 몰아세울 구실을 찾지 못했습니다.

하지만 오기의 운이 뛰어나지 못했던 까닭일까요? 초나라 도왕이 생각보다 이른 나이에 세상을 떠나게 됩니다. 오기는 개혁을 열심히 주도했지만, 자신의 정치적 기반을 마련하지는 못한 상태였기 때문에 자신의 개혁에 불만을 품은 반대파 귀족들에게 살해당하게 되지요. 네포티즘을 타파하기 위해 불철주야 노력했지만 결국 그를 죽음으로 몰고 간 것도 지역연고주의였으니 오기의 입장에서는 참 슬픈 일이 아닐 수 없습니다. 다만, 그가 남긴 글과 생각을 통해 우리는 많은 것을 배울 수 있으니 후대의 입장에서는 어떻게 보면 이는 큰 행운이라고 할 수 있습니다. 역사는 결국 돌아오게 마련입니다. 이전에 오기가 겪었던 것을 우리가 겪지 말라는 법은 없습니다. 나에게 적용할 수 있는 부분을 찾아 꾸준히 배우고 익히는 것이 중요한 이유입니다.

오기는 어떤 생각을 갖고 전쟁에 참여했을까요? 자신의 꿈을 이루기 위해서 전쟁에 참여했을 것이라는 해석이 지배적이지만 그의 정확한 마음을 알기는 어려울 것입니다. 우리가 전국시대에 살아본 것이 아니기 때문이지요. 다만 역사를 통해 추정만 할 뿐입니다. 하지만 우리는 이렇게 기록된 역사를 통해서 많은 것을 배울 수 있지요.

우리는 오기의 삶을 통해, 지역주의가 갖는 맹점과 이를 극복하기 위한 투쟁의 과정을 살펴볼 수 있습니다. 이는 우리의 현재 삶에도 그대로 적용할 수 있습니다. 개혁이 필요한 상황이지만 급진적일 경우에는 반대가 매우 심하기 때문이죠. 아무리 개혁이 모두의 이익을 대변한다고 하지만 지금 내가 누릴 수 있는 것을 빼앗아간다면 거의 대부분의 사람들이 이 조치에 반대할 것입니다. 우리가 싫어하는 국회의원의 지지율이 이상하리만치 높은 이유는 바로 이 때문입니다. 그 국회의원은 누군가에게는 만족할 만한 성과를 주고 있을 것입니다. 높은 지지율의 출처는 바로 그곳이지요.

손자와 오기를 통해 살펴 본대로 우리는 삶에서 편견이라는 강한 적과 전쟁을 치러야 하는 경우가 많습니다. 어려움을 만나다 보면 손자의 임기응변이 필요할 때도 있고, 몸을 낮추며 후일을 기약하고 힘을 키워야 하는 경우도 있지요. 이런 위기를 만날 때 우리에게 가장 필요한 것은 스스로 생각할 수 있는 사고력과 우리가 참고할 수 있는 과거의 경험일 것입니다. 존 로크가 '인간지성론'에서 생각의 근거는 '경험' 이라고 이야기 한대로, 우리는 과거에 있었던 사건을 공부하며 생각할 수 있는 영역을 넓혀야 합니다. 이런 경험은 편견에 맞서는데 큰 도움이 됩니다.

세상의 부조리를 온몸으로 맞선 오기를 잠시 떠올려 보시기 바랍니다. 그의 인생에서 무엇을 떠올릴 수 있을까요? 또한 지역주의를 타파하기 위해 모든 사람의 반대를 뿌리치고 부산에서 선거 운동을 한 노무현 대통령을 통해 우리가 깨달을 수 있는 것은 무엇일까요?

제 3 장 믿음으로 만드는 관계

제15원칙

이야기의 장을 마련하라

❖ 소통이 되지 않는 이유

사회적으로 소통을 강조하는 곳이 늘어나고 있습니다. 관련된 책자도 많이 출간되고 있죠. 책의 저자들은 자신이 말한 법칙만 잘 따라 하면 소통이 된다고 주장하지만 이론은 실제와 많이 다릅니다. 우리는 진정으로 다른 사람들과 소통하고 있는 것일까요?

이 부분에 대한 답을 찾자면 아직까지는 긍정적인 측면보다는 부정적인 측면이 더 많습니다. 삼언이설로 유권자를 설득한 뒤 당선되면 약속을 헌신짝처럼 버리는 정치인들이나 절박한 상황에서 생존을 위해 농성하는 사람들을 두고서도 눈 하나 깜짝하지 않는 사람 등 우리 주변에는 소통이 되지 않는 상황이 너무나도 많습니다.

소통이 되지 않는 이유는 간단합니다. 상대방의 입장을 생각하지 않기 때문입니다. 단순한 원리인데도 살다 보면 이를 지키지 않는 사람들이 많습니다. 팀원의 입장을 헤아리지 않는 팀장, 자녀의 목소리를 듣지 않는 부모, 학생의 미래를 생각하지 않는 교사 등 이에 부합하는 사례는 헤아리기 어려울 정도입니다. 이들의 대표적인 특징은 변하지 않는다는 점입니다.

세상의 속성은 움직이는 것입니다. 변하는 것을 변하지 않는 것으로 정의하는 순간 개념은 힘을 잃고 소통은 어려워집니다. 소통은 있는 그대로를 인정하고 바라보는 과정입니다. 이상적인 방향으로 나아가기 위한 발판이기도 하죠. 우리는 이를 먼저 이해하도록 노력해야 합니다.

사실 소통은 단순한 제도적 장치를 통해 해결할 수 있는 것은 아닙니다. 조선시대의 '신문고'처럼 좋은 제도가 있다 한들 사용하는 사람이 좋다고 생각하지 않으면 이는 아무 쓸모가 없습니다. 제도적인 수단이 효율적으로 사용되기 위해 가장 선행되어야 할 부분은 상대의 의견을 잘 들을 수 있도록 하는 다양한 수단입니다. 또한 제도를 마련하는 사람의 마음가짐도 중요한 요소입니다.

❖ 민주주의 2.0, 약인가 독인가?

노무현 대통령 역시 소통의 중요성을 알고 있었습니다. 이는 그의 인생사를 통해서도 잘 드러납니다. 그는 대통령이 되기 전까지 지역갈등, 노사간의 분쟁에 대한 중재를 담당하며 올바른 사회를 구현하기 위해 노력했습니다. 이를 관통하는 근본적인 원리는 아마 '공익'일 것입니다. 모두가 다 잘 살자는 소망을 반영한 그의 노력이 일정한 결과의 형태로 나타난 것이죠. 2000년에 선거에서 질 가능성이 큰 부산에서 출마를 한 이유도 지역주의가 빚은 소통의 부재를 해결하고자 함이었을 것입니다.

그가 한 여러 시도 중에서 제가 지금 살펴보고 싶은 것은 민주주의 2.0입니다. 민주주의 2.0은 2008년 9월 18일에 개설된 토론웹사이트로 사람들이 의견을 개진하며 더 좋은 방안을 만들어내도록 돕겠다는 것이 그 취지였습니다. 노무현 대통령은 개설 인사말에서 "자유롭게 대화하되, 깊이 있는 대화가 이루어지는 시민공간을 만드는 일"을 강조했습니다. 개방, 공유, 참여의 가치를 지닌 웹에 책임이라는 가치를 더해 발전적인 토론이 이루어지도록 사이트를 운영하려 한 것입니다.

그런데 이 사이트는 의외로 많은 비판을 받았습니다. 비판한 사람들이 주장했던 가장 핵심적인 논리는 '대통령은 정치 중립의 의무를 지켜야 한다'였습니다. '사이트를 개설해서 국론을 분열하려 한다, 퇴임 후 자신의 정치세력으로 악용하려 한다, 사이버 대통령으로 군림하려고 한다' 등 반대의 사유도 다양했습니다. 이런 비판은 진보와 보수를 막론하고 전방위적으로 진행되었습니다. 퇴임하고 바로 사이트를 개설하여 정치적인 의견을 개진하도록 만든 것이 옳지 않다는 의견이 지배적이었습니다.

"전직 대통령이라고 해서 표현의 자유를 제한할 수는 없다. 노 전 대통령 말대로, 민주주의에 긴요한 시민 토론을 활성화하기 위해 애쓴다면 그걸 탓할 이유는 없다. 그러나 지금 시점에서 전직 대통령이 직접 토론 사이트를 개설해 운영하는 건, 민주주의 발전에 도움을 주기보다는 오히려 불필요한 논란을 확산시키며 정치적 '반복과 대립'만 심화시킬 가능성이 높다는 점을 우려하지 않을 수 없다."
_2008년 9월 20일 한겨레 사설

노무현 대통령의 목적이 순수했는지 아닌지 알 수 있는 방법은 지금으로선 없습니다. 그의 과거 행적을 추적하며 예측하는 것이 유일한 대안이죠. 지난 시간 그가 했던 일로 미루어 보았을 때 노무현 대통령의 목적은 개설 인사말에서 볼 수 있는 것과 크게 다르지 않을 것입니다.

하지만 요즘 세상은 우리에게 순수한 마음을 간직하기보다는 나에게 주어질 이득을 먼저 생각하도록 만드는 경향이 큽니다. 당연히 그의 행보는 큰 비판을 받았을 것입니다.

아쉽게도 이 글을 쓰고 있는 현재 민주주의 2.0은 더 이상 존재하지 않습니다. 사이트 주소를(http://www.democracy2.co.kr) 입력하면 '노무현의 가치, 진보의 미래'라는 슬로건을 내걸고 다양한 학술사업을 전개하는 '한국미래발전연구원'의 메인페이지로 연결되죠. 저는 개인적으로 민주주의 2.0이 없어지지 않았다면 어떻게 되었을까 궁금해지기도 합니다. 아마 지금과는 상당히 다른 상황이 전개되었을 것입니다. 어쩌면 다음 아고라 같은 큰 커뮤니티가 형성되었을 수도 있죠. 중요한 것은 그 사람에게 있는 가치입니다. 서로를 생각하며 함께 성장하려는 태도는 우리가 항상 생각해야 할 기본적인 요소 중 하나입니다.

"국가권력이 약해지고 다양한 주체의 역량이 늘고 있는 변화된 사회 속에서 공동의 번영과 안정을 위해서는 효과적인 대화와 타협의 체제를 가지고 있어야 합니다. 내용이 없고 구체성이 떨어진다고 일부에서 걱정하지만 성의를 갖고 진지하게 대화하는 게 중요하며, 합의는 상대방에 대한 신뢰를 갖는 것이고 성실한 이행에 대한 다짐을 전제로 하는 것이니 충실히 이행해 나가다 보면 부족한 부분도 하나씩 채워질 것입니다. 협약 체결을 계기로 국민들이 피부로 느끼는 일자리가 창출되고, 노사관계 안정에도 많은 기여가 되게끔 노력해 주기 바랍니다."
_ 일자리 만들기 사회협약 조인식에서 2004.2.10

❖ 왕이 듣는 목소리, 경연

성공을 하기 위해 필요한 조건은 많습니다. 그 중 하나로 전 다른 사람들의 이야기를 잘 듣는 것을 꼽고 싶습니다. 아무리 능력이 뛰어난 사람이라도 다른 사람들의 도움 없이는 혼자서 일을 성취하기 어렵습니다. 일은 기본적으로 사람과 함께 하는 것이기 때문에 동료를 무시한다는 느낌을 주변에 주면 그 사람은 쉽게 고립됩니다. 현대 사회에서는 기본적으로 한 사람보다 여러 사람의 능력이 훨씬 뛰어납니다. 업무 효율에서도 성과에서도 비교가 될 수 없죠. 이런 이유 때문에 리더들은 팀원을 포함하여 많은 사람들의 이야기에 귀를 기울이려 노력합니다.

우리는 이 사실을 역사 속에서도 살펴볼 수 있습니다. 바로 조선시대의 경연제도를 통해서입니다. 경연은 정기적으로 왕에게 유학의 경서와 사서를 강의하고 이를 함께 토론하는 학술제도입니다. 그런데 경연에서 유학만 강의한 것은 아닙니다. 지방 관료들을 모아 백성의 어려움을 직접 듣기도 하고, 왕이 직접 자신의 생각을 신료들에게 전달하기도 했죠. 학문을 좋아했던 왕에게 경연은 최고의 유희였을 것입니다.

조선시대를 통틀어 경연을 가장 많이 실시한 왕은 세종입니다. 실제로 조선왕조실록이 정리된 인터넷 사이트에 접속하여 '경연'이라는 단어를 입력해보면 태조가 15개, 태종이 62개, 문종이 242개인 것에 반해 세종은 2021개로 압도적인 우위를 차지합니다. 이는 세종이 다른 임금에 비해 경연을 중요하게 생각했다는 것을 의미합니다. 실제로 다른 왕들에 비해 세종이 재임했던 시기에는 경제, 문화, 예술 등 전 분야에 걸

처 큰 발전을 이루었습니다. 물론 세종이 이와 같은 태평성대를 누린 이유가 경연 때문만은 아니었을 것입니다. 그러나 토론을 통해 좋은 결과를 만들어내는 과정을 즐겼고 이를 실제 정치에 활용하는 과정이 나라의 발전에 어느 정도는 보탬이 되었을 것이라 생각합니다. 이는 세종 즉위년에 실시했던 경연에 대한 기록을 통해 확인할 수 있습니다.

> 경연에 나아갔다. 동지경연 이지강이 대학연의(大學衍義)를 진강(進講)하고, 또 아뢰기를, "임금의 학문은 마음을 바르게 하는 것이 근본이 되옵나니, 마음이 바른 연후에야 백관이 바르게 되고, 백관이 바른 연후에야 만민이 바르게 되옵는데, 마음을 바르게 하는 요지는 오로지 이 책에 있사옵니다." 하매, 임금이 말하기를, "그러나 경서를 글귀로만 풀이하는 것은 학문에 도움이 없으니, 반드시 마음의 공부가 있어야만 이에 유익할 것이다." 하였다.
>
> _ 세종즉위년(무술년, 1418) 10월 12일

이지강은 강의를 통해 세종에게 마음을 바르게 하고 행실을 바르게 하여 백성을 올바르게 하는데 모범을 보이라고 강조합니다. 세종은 한 술 더 뜹니다. 경서를 글귀로만 풀이하는 것에 그치지 않고 이를 마음에 새겨야 한다는 말을 덧붙이며 학문을 하는 자세를 바르게 다잡습니다. 아마 세종은 이와 같은 경연을 꾸준히 거치며 통치에 필요한 지식을 얻었을 것입니다. 그는 이에 그치지 않고 얻은 지식을 백성이 안정된 생활을 누릴 수 있도록 활용했습니다. 그렇기 때문에 백성들이 세종을 칭송한 것은 어찌 보면 당연한 일이었습니다. 세종은 노력하는 임금이었습니다.

이야기의 장을 통해 우리가 얻을 수 있는 것은 무수히 많습니다. 지금 내가 하고 있는 일에 도움이 되는 아이디어를 얻을 수 있다는 것이 첫 번째, 이야기를 나누며 형성된 공감대가 일의 전체적인 효율을 높인다는 것이 두 번째입니다. 만약 지금 이야기를 듣지 않고 모든 것을 혼자서 해결하려는 사람이 있다면 마음을 바꾸기를 간곡히 권합니다. 내가 모든 것을 다 알고 있으며 모든 일이 나로 인해 잘 돌아갈 것이라는 생각은 큰 착각입니다. 혹 그게 사실이더라도 얼마 지나지 않아 그 한계가 쉽게 드러나게 마련입니다.

다른 사람의 도움을 청하지 못하는 사람은 그렇지 않은 사람에 비해 사회적으로 성공할 수 있는 가능성이 낮습니다. 데일 카네기는 그의 저서 "인간관계론"에서 '전문적인 지식 덕분에 성공하는 사람의 비율은 15%에 불과하고 성격과 통솔력 같은 인간관계의 기술 때문에 성공을 이루는 경우는 85%에 육박한다.' 라는 말을 남겼습니다. 인간관계를 올바르게 유지하기 위해서 가장 필요한 것은 올바른 소통입니다. 이 조건이 충족되지 않은 상태에서 좋은 인간관계를 바라는 것은 아무 일도 하지 않은 채 감나무에서 감이 떨어지기를 기다리는 것과 별반 다를 바 없는 일입니다. 항상 주변의 사람들과 긍정적인 관계를 유지하며 끊임없이 소통하는 습관을 들이시길 바랍니다. 이는 어떤 방식으로든 우리에게 도움이 됩니다.

제 3 장 믿음으로 만드는 관계

제16원칙

사람들과의 공감대를 형성하라

✥ 이게 다 노무현 때문이다

노무현 대통령이 재임했던 참여정부시절 사람들에게 유행했던 말이 있습니다. '이게 다 노무현 때문이다' 라는 말입니다. 화투를 치다가 패가 안 좋을 때나 길을 가다 넘어질 때, 로또에 당첨되지 않았을 때조차도 사람들은 이렇게 말했습니다. '이게 다 노무현 때문이다.' 라고 말입니다.

대통령을 욕하는 것을 기쁘게 받아들인다는 노무현 대통령의 말 한마디로 이를 설명하기에는 좀 이상한 측면이 있습니다. 이런 현상은 오히려 혐오증에 가깝다고 봐야 할 것입니다. 노무현 대통령이 국민들로부터 이런 말을 듣게 된 원인은 무엇일까요? 국민들은 그를 어떻게 생각했기에 이런 행동을 했던 것일까요?

저는 그 원인을 올바른 것과 실제 필요한 것 간의 차이에서 찾고 싶습니다. 솔직히 말해서 한국사람들의 성격은 시원하면서도 상당히 급한 편입니다. 노무현 대통령이 당선되었을 때 국민의 기대와 열망은 하늘을 찔렀습니다. 이렇게 된 원인에는 그의 경력도 큰 몫을 차지하고 있습니다. 부자들을 위한 일보다는 사회에서 소외된 약자의 편을 더 많이 들었기 때문에 서민들의 삶이 나아질 것이라는 기대가 반영된 것이죠.

개인이든 국가든 삶이 나아지려면 꼭 해야 할 일이 있습니다. 바로 어떤 일을 해야 할지에 대한 우선순위를 정하는 것입니다. 세상에는 4종류의 일이 있습니다. 중요하고 급한 일, 중요하지만 급하지 않은 일, 중요하지 않지만 급한 일, 중요하지도 않고 급하지도 않은 일이 그것입니다.

삶이 나아지려면 어떤 일을 먼저 해야 할까요? 저는 우리가 최우선적으로 해야 할 일은 '중요하지만 급하지 않은 일'이라 생각합니다. 그 이유는 중요하고 급한 일이 대개 다른 사람들의 요구에 의해 생기기 때문입니다. 이 일에 집중하다 보면 정작 자신에게 중요한 일은 후순위로 밀립니다.

저는 노무현 대통령이 이런 방식으로 일을 했기 때문에 국민의 원성을 샀다고 생각합니다. 국민들은 노무현 대통령이 당선된 이후 생활이 빠른 속도로 나아질 것이라 생각했지만 장밋빛 미래는 그리 쉽게 다가오지 않았습니다. 사업은 안 풀리고 빚은 늘어갔습니다. 게다가 '대통령 못해먹겠다', '호남인, 이회창 싫어서 나를 찍은 것'이라는 그의 발언이 세간에 알려지며 국민들에게 있던 반 노무현 정서에 불을 지폈습니다.

무엇보다도 국민들이 꼽은 그의 대표적인 실패사례는 부동산 문제입니다. 수요 조절 중심의 정책으로 부동산 가격이 폭등했기 때문입니다. 평범한 시민의 바람인 내집마련 조차도 어려워진 것이죠. 국민들이 체감했던 대로라면 노무현 대통령이 욕을 먹은 것은 어찌 보면 당연한 일이었습니다.

그러나 노무현 대통령이 부동산의 근본적인 문제를 해결하기 위해 다방면으로 노력했다는 해석도 있습니다. 그가 꿈꿨던 이상인 '특권과 반칙이 없는 사회'를 만드는데 최대의 걸림돌이 부동산이었기에 이 문제를 근본적으로 해결하려고 했다는 것입니다. 사실 우리나라 부자들의 대부분이 부동산으로 혜택을 봤다고 해도 과언이 아닐 만큼 부동산은 대표적인 자산 증식의 수단으로 활용되어 왔습니다. 돈이 없어도 대출을 받아 좋은 곳을 차지하고 있으면 집값 상승으로 인한 시세차익의 혜택을 누릴 수 있었죠(물론 지금은 이런 방식으로 재산을 늘리기는 어려워졌습니다).

이에 참여정부는 관련 문제를 해결하기 위해 부동산 거래의 투명성 제고, 종합부동산세로 대표되는 부동산 세제 정상화, 개발이익 환수장치의 정비, 서민용 장기임대주택의 공급 확대 추진, LTV 및 DTI로 상징되는 주택담보대출 관리 등의 정책을 실시했습니다. 문제는 이런 정책이 성과가 나기까지 시간이 오래 걸렸다는 점입니다. 그렇기 때문에 이런 조치는 상반된 평가를 받습니다. 부동산 문제를 정확하게 짚고 해결책을 찾았다는 해석이 있는 반면에 국민들을 우롱했다고 주장하는 사람도 있기 때문입니다.

저는 아무리 좋은 일을 하더라도 그 일의 수혜를 받는 사람이 이를 직접적으로 느끼지 못한다면 그 일은 큰 성과를 내기 어렵다고 생각합니다. 수혜자가 일을 하는 사람의 의도를 알 수 없기 때문입니다. 참여하지도 못한 일을 통해 내가 손해를 보는 상황은 발생하지 않아야 하는데도 불구하고 사회에서는 이런 일이 비일비재하게 발생합니다. 사람들은 노무현 대통령의 업무 스타일을 보고 이런 것들을 떠올렸을 것입니다. 일을 잘한다는 이야기를 들으면서 실제 성과도 좋으려면 먼저 함께하는 사람과의 공감대가 형성되어야 합니다. 물론 일을 맡겨놓고 이에 관심을 갖지 않는 태도 역시 개선되어야 합니다. 선거권을 행사하는 것에서 벗어나 우리의 선택으로 인해 뽑힌 사람들이 일을 잘하고 있는지, 만약 그렇지 않다면 어떻게 해야 더 좋은 것들을 만들어낼 수 있을지 끊임없이 고민합시다. 그렇지 않으면 성숙한 사회는 만들어지지 않습니다.

✣ 일반의지와 전체의지

우리는 선거를 통해 국회의원과 대통령을 뽑습니다. 후보로 나온 그들은 다양한 공약을 제시합니다. 무언가를 만들어주겠다는 공약도 있고, 주민들의 어려움을 해결해주겠다는 것도 있지요. 선거권이 있는 사람들은 이들의 의견을 들어보고 자신에게 가장 잘 맞는 사람들을 선택합니다.

우리가 이렇게 투표를 하는 이유는 간단합니다. 국가의 주권이 국민에게 있기 때문입니다. 우리는 한 표를 행사하며 스스로의 의사를 표현하고 그 의지를 이어받은 정치인이 지역이나 국가의 이익을 위해 일하게 되는 것이죠. 하지만 여기서 하나의 의문이 생깁니다. 국민의 의지를 이어받은 정치인이 그 지역 주민의 의사를 100% 반영할 수 있는지의 여부입니다. 만약 그렇게 하지 못한다면 국가의 주인은 국민이 아니라 자신의 의지대로 일하는 정치인입니다.

국가를 다스리는 힘은 어디서 오는 것일까요? 또한 권력은 어떻게 구성되는 것일까요? 이에 대한 고민을 했던 사람으로 저는 프랑스의 철학자였던 루소를 이야기하고 싶습니다. 그는 '인간불평등기원론'과 '에

밀'의 저자이며 이 두 개의 저서를 통해 '자연상태의 인간이 가장 이상적이다' 라는 의견을 우리에게 피력했습니다. 이런 시선을 바탕으로 근대사회를 어떻게 분석했는지 알아보기 위해 가장 도움이 되는 그의 작품은 '사회계약론' 입니다.

18세기 프랑스에서는 절대왕정이 지배하던 프랑스의 앙시앵 레짐(Ancien Regime)하에 자본가 계급이 부상하고 평민들의 불만이 증가하는 현상이 발생했습니다. 미국의 독립전쟁으로 고취된 자유의식은 이 현상을 더 가속화시켰습니다. 결국 1789년 7월 14일 평민들은 지배계층에 불만을 품고 혁명을 일으킵니다. 우리가 흔히 알고 있는 프랑스 대혁명이죠. 혁명은 앙시앵 레짐을 무너트렸지만, 나폴레옹 보나파르트가 일으킨 쿠데타로 무너져 그 의미가 퇴색되었습니다. 그러나 프랑스 대혁명은 오늘날 민주주의의 발전에 크게 기여한 운동으로 많은 사람들에게 기억되고 있습니다. 사람들의 자유를 위해 무수히 많은 피를 흘리며 주장한 그들의 가치가 반영되어 오늘날 우리가 누리고 있기 때문입니다.

프랑스 혁명에 영향을 준 이론 중에는 루소의 사회계약론이 포함되어 있습니다. 사회계약론은 모두의 뜻이 합쳐져 예외 없이 복종할 수 있는 절대 권력을 창출할 수 있는 일반의지로 모두에게 자유를 부여하는 정치공동체를 만들어야 한다는 내용을 담고 있는 책입니다. 사회계약론에 의하면 모두가 자유롭게 살 수 있어야 하지만, 그 당시의 현실은 그렇지 못했습니다. 왕궁의 사람들은 호화로운 생활을 하고 있었고, 자본가 계층은 노동자의 힘을 착취하여 자신들의 배를 불렸습니다. 루소가 말한 사회계약론의 내용과는 거리가 멀었기 때문에 평민들은 그들 나름대로의 유토피아를 꿈꿨을 것입니다. 프랑스 대혁명으로 이어진 것도 어떻게 보면 그 시대에서는 자연스러운 현상이었습니다.

그렇다면 사회계약론에서 루소가 이야기하고 싶었던 내용은 무엇일까요? 우리는 사회계약론을 살펴보기 전에 먼저 루소가 주장한 개념인 '자연'을 이해해야 합니다. 루소에게 자연은 다른 계몽주의 사상가들이 믿었던 야만적이거나 어리석고 무지한 것이 아니었습니다. 자연은 소박한 아름다움을 가지고 있으며, 우리는 자연에서 자신의 눈으로 세상을 바라보는 자기애를 얻을 수 있습니다. 자연상태에서 인간은 일체의 강제 없이 자기 소질에 따라서 자기 감정에 충실하며 자연스럽게 성장하게 되지요. 그는 자신의 모든 저서에서 자연의 원칙에 따르며 스스로를 갈고 닦으라고 강조합니다.

그런데 사회계약론의 첫 장에서는 이상한 이야기가 나옵니다. '인간은 자유인으로 태어난다. 그러나 어디서나 인간은 사슬에 묶여 있다. 어찌하여 이 지경에 이르렀는가?' 라는 문장을 통해 루소는 현재 인간이 자유롭지 않다는 것을 강조합니다. 우리 주위에 사슬이 생겨난 원인은 무엇일까요? 그리고 이 사슬은 올바른 원칙에 의해 생긴 사슬일까요?

루소는 평등한 자연상태에서 불평등한 사회상태로 이행하게 된 요인으로 동물과의 싸움, 자신의 생존수단을 노리는 타인과의 싸움, 토지와 기후에 따른 생활양식의 차이, 그리고 인구 증가 등을 꼽습니다. 이렇게 자연상태에서 사회상태로 이행하면서 선악개념과 사유재산 제도가 생겼고 이에 따라 범죄, 전쟁, 사회악 같은 부정적인 가치도 함께 생겨났습니다(우리는 이 사실을 인간불평등기원론에서도 살펴볼 수 있습니다). 그래서 자연인 사이에는 사회적 계약이 생겼습니다. 자연인인 인간이 자유와 평등, 행복을 추구하기 위해 자연스럽게 결합하는 방식으로서의 근본원리인 것입니다. 루소가 이야기하는 사회계약은 그래서 '자발적인 계약'입니다.

이점을 설명하기 위해 루소는 일반의지, 특수의지, 전체의지라는 개념을 도입했습니다. 먼저 특수의지는 인간이 개인으로서 가지는 것이며, 전체의지는 특수의지의 총합으로 사사로운 이익만 생각하는 의지입니다. 루소가 가장 강조한 것은 일반의지입니다. 일반의지의 개념은 '공동체가 공공선을 추구하는 과정에서 시민의 합의에 의해서 정치권력과 그 행사를 정당화하는 유일한 것'입니다.

루소가 주장하는 일반의지에는 오류가 없습니다. 그러나 이 때문에 국민의 결의가 항상 정당한 것은 아닙니다. 앞서 말한 대로 전체의지(특수의지의 총합)로 나타날 수 있기 때문입니다. 이러한 폐해를 막기 위해 루소는 국가 속에 부분 사회가 존재하지 않아야 한다고 말합니다. 개인이 자발적이고 자율적으로 자신의 견해를 표명하기 위해서는 그것을 방해하는 부분 사회(당파)가 존재하면 문제가 생긴다는 이야기이지요. 인간은 자유롭고 평등한 존재라는 의견이 루소의 저변에 깔려있다는 증거입니다. 그러나 부분 사회의 존재를 부정하기 때문에 해당 이론이 전체주의로 흐를 수 있다는 단점 또한 존재합니다.

루소가 살았던 18세기와 21세기 간에는 현격한 차이가 있습니다. 루소는 자연상태의 인간에 무한한 신뢰를 보내고 계약이라는 틀 안에 속한 인간의 도덕성을 믿었습니다. 그러나 현실을 보면 루소의 이론과는 많이 다른 것을 확인할 수 있습니다. 빈곤, 무지, 폭력으로부터의 자유를 얻기가 얼마나 어려운지 또한 앞서 살펴본 바대로 국민의 뜻을 이어받은 정치인이 일반의지에 속하여 공공의 이익을 위해 일하는 것이 얼마나 어려운지 우리는 굳이 열심히 확인하지 않아도 그 사실을 쉽게 깨닫습니다.

루소는 우리에게 '자연으로 돌아가라' 라는 말을 남겼습니다. 그는 오늘과 같은 사회에서 자연에 순응하고 그 원리를 다른 사람들과 나누며 공공의 이익을 생각하는 일반의지에 자신을 맡기라고 말합니다. 아마 그렇게 된다면 모두가 행복한 사회가 될 것입니다. 허나 모두가 일반의지에 따르기 위해 우리가 무엇을 해야 할지는 앞으로도 지속적인 고민을 통해 풀어야 할 과제입니다. 노무현 대통령 역시도 국민들을 위해 해야 할 일을 생각하면서 일반의지와 전체의지를 떠올렸을 것입니다. 일반의지가 절대적으로 옳은 것이라 할지라도 국민의 동의를 얻으려면 전체의지도 생각해야 했기 때문입니다. 국민의 입장에서는 사사로운 이익이 아니라 공익을 위해 서로의 의견을 모아야 합니다. 이를 이어받은 정치인은 일반의지를 실현하기 위해 부단한 노력을 기울여야 하죠. 정치인과 시민 모두의 성숙한 의식이 무엇보다도 필요한 때입니다.

제 3 장 믿음으로 만드는 관계

제17원칙

주변에 있는 사람들을 소홀히 하지 마라

❖ 인간관계, 약인가 독인가?

살아가면서 사람들이 가장 고민하는 것은 인간관계입니다. 만약 누군가가 많은 이들과 좋은 관계를 유지하고 있다면 그렇지 않은 사람들보다 사회생활이 훨씬 유리하다는 사실은 이미 사람들에게 공공연히 알려진 비밀입니다.

그렇기 때문에 좋은 인간관계를 유지하려는 사람들의 노력은 상상을 초월합니다. 요즘 문제가 되는 갑을 관계도 이런 원인 때문에 나온 것입니다. 불합리한 일이라는 사실을 알고 있음에도 불구하고 이익을 위해 그 일을 하는 것이 대표적인 사례입니다.

반대로 학창시절 친구들의 부탁을 대가 없이 들어주는 사람처럼 자신의 이익보다는 다른 사람들과 좋은 관계를 유지할 목적으로 자신의 능력을 활용하여 친구들에게 봉사하는 경우도 있습니다. 물론 친구들의 반응은 폭발적입니다. 그러나 이들은 대개 얼마 시간이 지나지 않아 불순한 의도를 가진 친구들에 의해 이용당합니다. 그렇기 때문에 시간이 지나며 이들은 큰 상처를 입게 되죠.

사실 이런 상황은 자신이 옳은 행위를 했는지의 여부와는 전혀 상관이 없습니다. 인간관계에서 중요한 것은 상대방을 얼마만큼 배려했느냐입니다. 그렇지 않은 경우 아무리 옳은 것을 주장하게 되더라도 나중에 좋지 않은 결과를 가져옵니다. 그렇기 때문에 큰 일을 하는 사람이라면 자신의 능력과 철학을 올곧게 만드는 것과 동시에 이를 어떻게 하면 사람들 사이에서 올바르게 펼칠 수 있을지를 생각해야 합니다.

❖ 당신은 대통령의 자격이 없습니다

2004년 3월 12일은 아마 노무현 대통령에게는 잊지 못할 날이었을 것입니다. 대한민국 헌정사상 처음으로 현직 대통령이 탄핵당한 날이기 때문입니다. 여당인 열린우리당이 반발하는 가운데 새천년민주당과 한나라당(현 새누리당) 및 자유민주연합(자민련)의 주도하에 찬성 193표, 반대 2표로 탄핵소추안이 통과되며 대통령의 직무가 정지된 것입니다.

노무현 대통령이 탄핵을 당한 이유는 무엇일까요? 탄핵을 주도한 국회의원들이 내세운 가장 대표적인 논리는 '정치중립의무 위반'이었습니다. 그 해 2월 말에 대통령기자회견에서 나온 "국민들이 총선에서 열린우리당을 압도적으로 지지해줄 것을 기대한다", "대통령이 뭘 잘 해서 열린우리당이 표를 얻을 수만 있다면 합법적인 모든 것을 다하고 싶다"라는 발언이 문제의 시초였습니다.

끊임없이 사과요구를 하는 국회의원과 대통령 간에 줄다리기가 이어진 뒤 한나라당과 새천년민주당의원 159명은 3월 9일에 대통령 탄핵소추안을 발의하였습니다. 이때까지만 해도 자유민주연합은 탄핵안에 동의하지 않은 채 노무현 대통령에게 정치중립의무 위반에 대한 사과를 요구했습니다.

탄핵소추안 발의 이틀 뒤, 2004년 03월 11일. 청와대 춘추관에서 노무현 대통령은 대국민기자회견을 갖습니다. 여기서 기자들이 국민들에게 사과할거냐고 물어보자 그는 이렇게 입장을 정리합니다.

"사과하라는 여론이 있다는 건 알고 있다. 제게 잘못이 있어 사과하라 하면 사과하겠다. 그런데 잘못이 없는데 시끄러우니 사과하고 넘어가자, 탄핵을 모면하자는 거라면 나는 받아 들일 수가 없다."

만약 기자회견이 이정도 선에서 마무리가 되었다면 지금까지 진행되오던 바와 그리 다를 바 없었을 것입니다. 그러나 이후에 했던 노무현 대통령의 발언 하나가 탄핵안을 급속도로 진행시키는 단초가 됩니다. 남상국 대우건설 사장이 노무현 대통령의 형인 노건평에 3000만원을 건넸다는 의혹에 대해 그가 이렇게 대답했던 것입니다.

"좋은 학교 나오시고 크게 성공한 분들이 시골에 있는 사람에게 가서 머리 조아리고 돈 주고 하는 일이 없었으면 좋겠다."

이 기자회견 직후 남상국 사장은 서울 한남대교 밑에서 투신 자살합니다. 가족들은 노무현 대통령을 대상으로 소송을 진행합니다. 문제는 여기서 그치지 않았습니다. 탄핵안에 동의하지 않았던 자유민주연합의 마음이 이 사건으로 완전히 돌아섰기 때문입니다. 자연스럽게 탄핵은 일사천리로 진행되었고 결국 3월 12일에 대통령의 직무가 정지되었습니다.

국민들은 이에 즉각적으로 반발했습니다. 국민이 뽑은 대통령을 국회의원이 마음대로 물러나게 할 수 있느냐는 것이었습니다. 실제 여론조사에서도 그 추이는 극명하게 드러났습니다. 탄핵을 반대하는 의견이 65.22%, 찬성하는 의견이 30.9%로 큰 차이를 보였던 것이죠. 국민들은 촛불을 들고 거리로 나섰습니다. 집회의 규모도 어마어마하게 커졌죠.

노무현 대통령이 이렇게 쉽게 탄핵될 수 있었던 이유는 그의 생각에 공감하는 사람이 많지 않았기 때문입니다. 일을 도모할 때는 자신의 능력과 나를 도와주는 사람의 능력이 모두 필요합니다. 노무현 대통령의 경우 기득권을 위한 정책보다는 힘이 없는 소수를 위한 정책을 펼쳤습니다. 우리가 알고 있다시피 정치인 대부분은 권력을 갖고 있습니다. 그렇기 때문에 정치인들은 어쩔 수 없이 소외계층보다는 자신과 비슷한 사람들을 위한 정책을 펼칠 수 밖에 없습니다. 그게 자신들에게 유리하기 때문입니다.

사실 모든 사람의 이익을 대변하는 정치인은 존재하지 않습니다. 만일 누군가가 부자가 많은 동네에서 서민을 위한 정책을 내놓는다면 어떻게 될까요? 당연히 그는 해당 지역구에서 당선될 수 없을 것입니다. 오히려 그 사람의 정책을 지지해주는 사람이 많은 곳에서 힘을 다하는 것이 훨씬 더 생산적인 일이 될 것입니다. 노무현 대통령 역시 이런 것들을 알고 있었으리라 생각됩니다. 그럼에도 불구하고 그가 이토록 비효율적인 선택을 할 수 밖에 없었던 이유는 그가 품었던 꿈을 이루는데 이런 신념이 도움이 될 것이라 판단했기 때문입니다.

저는 노무현 대통령이 올곧은 사람이었지만 뛰어난 정치인은 아니었다고 생각합니다. 정치를 잘 하려면 싫어하는 일이라도 내색하지 않는 치밀함이 필요하고 심지어는 적과도 손을 잡을 수 있어야 합니다. 노무현 대통령은 사실 그렇게 하지 못했습니다. 그의 이런 성향은 장점이 되기도 하고 단점이 되기도 했습니다. 그렇다면 이상적인 정치란 무엇일까요? 주변에 있는 사람들을 소홀히 하지 않으려면 무엇을 고려해야 할까요?

❖ 이상적인 정치는 어떻게 해야 하는가?

정치의 사전적 의미는 '나라를 다스리는 일, 국가의 권력을 획득하고 유지하며 행사하는 활동으로, 국민들이 인간다운 삶을 영위하게 하고 상호 간의 이해를 도우며, 사회질서를 바로잡는 일'입니다. 이런 일을 하는 사람들을 대개 정치인이라고 하는데, 대통령, 국회의원 등이 이에 해당합니다. 대개 이들이 가장 많이 하는 일은 바로 주변 사람들을 챙기는 것입니다. 사람들의 지지를 얻지 못하면 자신이 누리는 권력 역시 함께 사라지기 때문입니다.

만약 우리가 정치의 범위를 좁히면 어떨까요? 친구들 간에 좋은 관계를 유지하고 서로 돕도록 하는 방법을 마련하는 것도 일종의 정치입니다. 좋은 것을 주기 위해 고민하고 이를 통해 자신이 얻게 되는 이익을 생각하는 것도 정치의 한 종류가 될 수 있습니다. 그런데 목적을 달성하기 위해 정치에 참여한 사람들은 좋은 수단을 쓰기도 하고 혹은 치졸한 전략을 활용하기도 합니다. 개인의 성향이 반영된 탓이지요.

우리가 올바르게 정치를 바라보려면 무엇을 고려해야 할까요? 혹은 미래에 이상적인 정치인이 되고자 하는 꿈을 품고 있는 사람들이라면 무엇을 해야 할까요? 가장 좋은 것은 과거에 사람들이 어떤 방식을 활용했는지 알아보는 것입니다. 저는 과거에 있었던 수많은 사건 중에서 그리스의 사례를 참고하는 것이 좋다고 생각합니다.

그리스 시대에서 이상적인 정치를 고민했던 사람들의 수는 정말 많습니다. 저는 그 중에서 아리스토텔레스를 이야기하고 싶습니다. 그는 고대 그리스의 철학자로 다양한 지식을 익힌 천재였으며 플라톤의 제자이자 알렉산더 대왕의 스승이기도 했습니다. 또한 정치학, 시학, 윤리학, 형이상학 등 현대에도 활발히 연구되고 있는 저서의 주인공으로써 오늘날 우리의 사상체계에 큰 영향을 미친 인물이지요. 그가 남긴 서적인 정치학은 우리에게 많은 것을 시사하고 있습니다.

그렇다면 정치학은 어떤 서적일까요? 정치학에서 다루고 있는 문제는 국가의 구성요소와 국가 내 구성원의 역할에 관한 것입니다. 이 책은 '군주론'과 '로마사 논고'를 쓴 마키아벨리와, '리바이어던'의 저자인 홉스에 영향을 주며 정치학 발전의 초석이 되었고 그리스 철학을 공부했던 마르크스(자본론으로 유명합니다)가 '사회는 개인에 우선하는 하나의 실체'라는 확신을 품을 수 있도록 도와주었습니다.

아리스토텔레스는 정치의 이상적인 모델이 있다고 생각하지 않았습니다. 오히려 현실에서 실현되는 정치가 이상적이 되기를 꿈꿨습니다.

이런 이유 때문에 그가 주장한 내용은 철저히 시대를 반영한 이론이 될 수 밖에 없었습니다. '정치학'은 총 8권으로 국가공동체의 본질, 이상국가론, 화폐 및 상거래 원리 및 전략, 교육의 원리 및 역할, 시민, 정치체제 등의 다양한 내용을 다루고 있습니다.

그렇다면 정치학에서 말하는 정치형태에는 어떤 것이 있을까요? 아리스토텔레스는 정치의 종류를 왕제(basileia), 귀족제(aristokratia), 폴리티아(politeia)의 3가지로 구분했습니다. 위의 정치체계를 구분하는 기준은 국가를 이끄는 사람의 수로 왕제는 1명, 귀족제는 능력있는 엘리트 소수, 폴리티아는 시민 다수가 지배하는 정치형태입니다.

아리스토텔레스는 이런 정치형태가 타락하게 되면 참주제(tyrannis), 과두제(origarchia), 민주제(dmokratia)로 변한다고 강조합니다. 위의 정치체계가 위험한 이유는 참주제는 독재자 한 사람만의 이익을, 과두제는 부자의 이익을, 민주제는 가난한 사람의 이익을 대변하게 되기 때문입니다. 이 가운데서 아리스토텔레스는 귀족제를 가장 이상적인 국가형태로 간주한 듯 합니다. 선의 이념을 실현한다는 국가의 임무를 다하기 위해서는 덕을 갖춘 사람들이 모여 의견을 개진하며 더 나은 가치를 만들어낼 수 있는 이상적인 시스템이 필요하다는 이유에서입니다.

그러나 아리스토텔레스는 이런 정치형태를 실현 불가능한 것이라고 판단하여 중산계층인 시민에 의해 진행되는 폴리티아를 추천했습니다. 상위 계층 일부의 의사만이 반영되는 귀족제는 과두제로 변질될 가능성이 높기 때문입니다. 아리스토텔레스는 중산 계급의 생활이 국가를 지지하는 기반이라고 생각했고 또한 많은 사람들의 이익을 대변하려면 좀 더 보편적인 정책이 기획될 수밖에 없기 때문에 폴리티아를 차선택으로 택한 것이죠.

비록 정치학이 현대에도 읽힐 만큼 통찰력을 갖춘 책임에는 틀림이 없지만, 그 당시의 시대상을 반영할 수 밖에 없었기 때문에 구조적으로 한계를 지닌 것도 사실입니다. 정치학을 잘 살펴보면 노예제도에 찬성하고 여성이 남성에 종속된다는 가치관이 피력되어 있는데 이 부분은 오늘날과는 전혀 맞지 않습니다. 하지만 책을 통해서 배울 수 있는 부분이 있다면, 우리는 열심히 공부하고 이를 삶에 적용시키려는 노력을 실시해야 합니다. 맞지 않는 부분 때문에 수없이 많은 좋은 글귀를 놓칠 수 없으니 시간이 허락된다면 관련된 지식을 내 것으로 만드는 훈련을 해주시기 바랍니다.

결국 이상적인 정치를 위해 필요한 것은 정치의 수혜를 받는 사람들이 어떤 것을 가져갈 수 있을지를 생각하는 일입니다. 정치뿐만 아니라 모든 일은 항상 그 일로 인해 혜택을 보는 사람들을 가장 먼저 생각해야 합니다. 우리는 이 사실을 알고 있음에도 불구하고 살면서 아주 쉽게 이를 잊어버립니다. 슬픈 일이지요. 아마 노무현 대통령이 탄핵당한 이유도 이와 무관하지 않을 것입니다. 자신의 이익을 위해 그런 발언을 한 것이 아니었을지라도 그 말을 들었던 사람들의 생각은 달랐을 것입니다.

정치를 하는 이유는 아마도 모든 사람들이 행복하게 살 수 있도록 돕기 위함일 것입니다. 국가에서 제정하는 법과 규칙도 궁극적인 목적은 모두 같습니다. 그렇기 때문에 정치인들은 많은 사람들에게 도움을 줄 수 있는 방법을 지속적으로 고민해야 합니다.

하지만 이 일을 정치인에게만 맡기면 안 됩니다. 사람과의 관계에서 우리가 어떻게 해야 할 것일까를 살펴보는 것도 좋은 정치활동이 될 수 있기 때문입니다. 앞서 배운 정치학의 핵심 원리를 생각하고 이를 삶에 적용하는 연습을 실시해 보는 것은 어떨까요? 스스로 가치 있는 것을 만들어가는 행동은 우리에게 좋은 경험이 될 것입니다.

제 3 장　믿음으로 만드는 관계

제18원칙

이해하는 바를
일치시켜라

❖ 이해는 서로 다른 방식으로 작용한다

사춘기에 있는 소년과 소녀의 이야기를 다룬 '플립(Flipped)'이란 영화가 있습니다. 어린 아이들의 좌충우돌하는 모습이나 짝사랑, 가난한 가정환경 및 가부장적인 부모 등 우리 주변에서 흔히 볼 수 있는 내용을 다루고 있죠.

이 영화가 다른 영화와 보이는 가장 큰 차이점은 영화가 진행되는 방식이 독특하다는 점입니다. 영화는 한 사건을 주인공인 두 아이의 다른 시선으로 2차례 보여줍니다. 같은 사건일지라도 자신의 입장과 경험에 입각하여 사건을 해석하기 때문에 두 아이의 의견은 상당히 다릅니다.

아이들의 시선을 통해 우리가 알 수 있는 사실은 우리의 시각이 항상 옳은 것만은 아니라는 점입니다. 세상의 중심이 내가 아니라는 사실을 잘 알고 있음에도 불구하고 실제 행동은 그렇게 하지 않는 사람들이 많습니다. 과연 내가 바라본 세상은 옳은 것일까요?

만약 우리가 사물을 그대로 바라 볼 수 있다면 그것은 진리에 가까울 것입니다. 그러나 사물이나 현상을 판단할 때는 항상 개인의 주관적인 경험과 의견이 반영되기 때문에 같은 것을 보아도 이해하는 내용은 사람마다 확연히 달라질 수 있습니다. 헤겔은 '정신현상학'에서, 사르트르는 '존재와 무'에서 이 문제를 고찰하였습니다.

하지만 애석하게도 사람들이 사물이나 현상을 이해하는 방식과는 상관없이, 우리는 살면서 다른 사람들과 의견을 일치시켜야 할 때를 자주 만납니다. 물론 모든 사람이 이렇게 할 수 있는 것은 아닙니다. 자신의 주장을 너무 강하게 펼치며 주변에 적을 만드는 사람이 있는 반면 스스로의 의견보다는 다른 사람들을 도우며 자신을 숨기는 사람도 있죠. 둘 중 어떤 결정을 하느냐에 따라 인생은 전혀 다른 방향으로 흘러갑니다.

우리가 잘 알고 있는 대로 노무현 대통령은 전자에 가까운 사고방식을 갖고 있었습니다. 옳다고 생각한 일은 끝까지 밀고 나가며 많은 사람들의 이익을 생각했기 때문입니다. 그렇기 때문에 그 역시 본래 의도와는 상관없이 자신의 의견이 잘못 전달되거나 주변으로부터 오해를 사는 경험을 많이 했습니다. 자신의 의사를 정확하게 전달하고 또 전달 받은 사람이 이를 또 다른 사람들에게 잘 전하기 위해 우리에게 필요한 자세는 무엇일까요?

❖ 이상적인 대화의 방향은 어떻게 흘러가야 하는가?

이상적인 대화를 이끌어 내기란 쉬운 일이 아닙니다. 저는 사람들이 특정 대화를 이상적이라고 말할 수 있으려면 모두가 만족할 수 있는 조건이 전제되어야 한다고 생각합니다. 애석하게도 이런 대화가 이루어지는 경우는 거의 없습니다. 앞서 한 번 말씀드린 바와 같이 대화를 이해하는 방식이나 대화의 목적은 사람마다 다릅니다. 서로의 배경과 지식이 다르기 때문에 대화를 할 때는 이해관계를 일치시키는 일이 무엇보다도 중요합니다.

이런 이유 때문인지는 몰라도 정치인은 언론인들에게 각별한 관심을 기울입니다. 같은 값이면 다홍치마라고 기왕이면 좋은 어조로 이야기를 써주는 것이 자신에게 도움이 되기 때문입니다. 이렇게 하려면 자주 만나서 밥도 먹고 술도 마시며 친분을 유지해야 합니다. 자신에게 손해가 되는 일도 장기적인 포석을 위해서 마다하지 않는 자세도 필요합니다.

그런데 노무현 대통령의 경우 다른 정치인들과는 달리 언론과 사이가 그렇게 좋지 않았습니다. 언론사가 원하는 것보다는 자신의 신념에 따라 행동했기 때문입니다. 이런 이유로 인해 정치인으로는 이례적으로 거대 언론사와 소송에 휘말리기도 합니다. 노무현 대통령이 속내를 정확하게 표현하지는 않았지만 지금까지의 내용을 종합해 볼 때 그는 언론에 우호적이지 않았던 것 같습니다.

그가 가장 안타까워했던 것은 언론과 한 인터뷰의 내용이 자신의 의도와 전혀 다른 방향으로 전달되는 일이었습니다. 사실 이런 상황에서 칼자루를 쥐고 있는 것은 이야기를 전달하는 사람입니다. 만약 이들이 특정한 의도를 갖고 한 목소리를 내는 경우 그 영향력에서 벗어날 수 있는 사람은 없습니다. 물론 대통령 역시 예외가 될 수 없습니다. 노무현 대통령은 이런 상황을 자신의 저서인 '여보 나 좀 도와줘'에서 다음과 같이 소회하고 있습니다.

"청문회 이후 신문 잡지 할 것 없이 인터뷰 요청이 그야말로 봇물 터지듯 쏟아져 들어왔다. 수도 없이 많은 잡지와 인터뷰를 했다. 내 기사가 안 실린 잡지가 없을 정도였다. 어떻든 정치인으로서는 매우 행복한 일이었다. 그러나 잡지에 실린 내용의 대부분은 불만스러웠다. 내가 절에서 불목하니 노릇을 했다는, 사실과 다른 기사가 나온 것도 불만이었지만, **보다 마음에 걸린 것은 잡지에 실린 기사들이 내가 말하고 싶어하는 내용과는 항상 방향을 달리하고 있는 점이었다.** 지금 내가 무슨 생각을 하고 있는지, 내가 하고 있는 일을 통해서 내가 무엇을 실현하고 싶어하는 것인지에 대하여는 번번이 외면해 버렸다."

이런 상황에서 우리가 할 수 있는 선택은 많지 않습니다. 자신의 의견을 굽히고 상대방의 의도에 따르거나 아니면 주변의 시선에 개의치 않고 자신의 신념대로 행동하는 것의 두 가지입니다. 상대방이 원하는 것을 해주려면 어쩔 수 없이 자신의 생각을 일정부분 포기해야 합니다. 그러나 만약 상대방이 요구하는 것이 불합리하다는 판단이 들었을 때 어떻게 행동해야 할지는 전적으로 개인의 책임입니다. 노무현 대통령은 이들과 같은 길을 가지 않기로 결정했습니다. 만약 그와 다른 생각을 지닌 이가 같은 상황에 처해있다면 선택은 달라졌을 수도 있습니다. 아쉽게도 역사는 만약이라는 가정이 통하지 않기 때문에 우리는 그냥 추정만 할 수 있을 뿐이죠.

우리는 주위에서 일어나는 상황에 관심을 기울이고 어떤 식으로든 자신이 의도한 대로 상황을 변화시킬 수 있어야 합니다. 그렇지 않으면 개인의 생각을 세상에 드러낼 수 없습니다. 그 가운데 사람들과의 관계를 어떻게 해야 할지에 관한 문제를 생각하며 개인의 영향력을 더 늘려가는 태도가 삶에서 바람직하지 않을까 생각해 봅니다. 그렇게 하지 않으면 주체적인 삶을 살기란 불가능합니다.

❖ 인간은 충동의 덩어리다

정치학은 사람과의 관계를 다루는 학문입니다. 모든 사람들의 이익을 어떻게 지켜야 할지 또한 이 분야의 주요 과제입니다. 사람들은 대개 자신의 이익을 보전하려고 하는 성향이 있습니다. 이들의 이익을 대변하면서도 개인의 영향력을 향상시킬 수 있는 방법은 전혀 없는 것일까요? 예로부터 많은 사람들이 이 질문에 대한 답을 찾으려 노력하였습니다.

저는 이런 상황에서 도움이 되는 책으로 해럴드 조지프 래스키의 '정치학개론'을 추천드리고 싶습니다. 그 이유는 이 책이 사람과 기업의 속성 및 이를 통해 우리가 어떤 방식으로 나아가야 하는지 다루고 있기 때문입니다. 그는 '사람은 기본적으로 충동의 덩어리다'라고 주장합니다. 또한 사람들은 자신의 목적을 만족시키기 위해 동일한 목표를 지닌 사람과 연대해 함을 합치려는 속성이 있다고 강조합니다. 사람들은 기본적으로 사적인 이익을 위해 움직이려는 속성이 있기 때문에 세상에는 이상적인 목적을 달성하려는 모임보다는 자신의 이익을 관철시키기 위한 모임이 상대적으로 더 많습니다.

많은 사람들이 자신의 목적을 달성하려 하기 때문에 국가는 이런 사람들 사이의 대립관계를 이상적으로 해소하는데 필요한 노력을 아끼지 말아야 합니다. 핵심은 국가에서 정치를 하는 사람들이 어떤 성향이냐에 따라 국민들에게 돌아가는 혜택의 범위가 큰 차이를 보인다는 점입니다. 정치인 역시 사람입니다. 그렇기 때문에 그들이 공익을 목적으로 일을 한다고 하더라도 자신들의 환경에 근거하여 모든 것을 판단할 수밖에 없다는 사실을 우리는 기억해야 합니다. 루소가 강조했던 일반의지와 전체의지 중 사람들은 전체의지를 더 쉽게 따르는 경향이 있습니다. 이해관계가 맞는 사람들이 모여 스스로에게 유리한 환경을 만들기 위해 노력한다는 뜻이죠.

사람들은 현대국가를 자본가의 계급 유지를 위한 부수적인 것이라 인식합니다. 이런 상황에서 개인이 할 수 있는 일은 미래를 자율적으로 준비하며 삶에 필요한 것들을 스스로 익혀나가는 것입니다. 그러나 국가의 개념으로 문제가 확산될 경우 이는 그리 간단하게 해결할 수 있는 것이 아닙니다. 수많은 사람들을 설득하고 그들에게 동의를 구하며 자신의 영향력을 넓혀야 하는데 그들을 만족시킬 만한 무언가를 줄 수 없는 상황이라면 그 국가는 머지않아 난감한 상황에 빠질 것입니다.

각자가 이해하는 바가 공익을 해치지 않는 범위 내에 있다는 전제하에 우리는 서로의 입장을 이해하기 위해 최선의 노력을 다해야 합니다. 하지만 상대방이 원하는 것이 다른 사람의 자유와 권리를 침해할 경우에는 상황이 다릅니다. 잘못된 것을 바로잡기 위해 노력해야 하죠. 하지만 앞서 말했던 대로 사람들은 개인적인 이익을 위해 움직이는 성향이 짙기 때문에 무언가를 올바르게 바꾸려고 하는 사람들에게는 많은 어려움이 따릅니다. 노무현 대통령 역시 그랬습니다. 개인이 겪게 될 어려움보다는 올바른 것에 집중했던 것이죠. 우리는 이 사실을 꼭 기억해야 합니다.

❖ 일방적인 주장은 도움이 되지 않는다

회사생활을 하다 보면 의견의 차이로 인해 다투는 경우를 많이 접합니다. 이런 상황에서 이기는 사람은 누구일까요? 대답은 상대방을 설득한 사람일 것입니다. 그런데 그 과정이 이상적으로 진행되었다는 것을 확인할 수 있는 방법은 없습니다. 상대방을 설득할 때 지위를 활용하여 압박을 했을 수도 있고, 정치적으로 자신에게 유리한 상황을 만들어 상대방이 자신의 의견을 선택할 수밖에 없도록 만들었을 수도 있기 때문입니다. 물론 이런 방식은 옳지 않습니다.

여기서 중요한 것은 갈등이 해결되었다는 것이 아니라, 어떤 방식으로 갈등이 해결되었는지의 여부입니다. 만약 갈등이 해결되는 방식에서 강압적인 요인이 들어가게 되었다면 서로의 이해관계는 일치되지 않습니다. 한 사람은 다른 사람의 의견을 따르며 피해를 입었다고 생각합니다. 이는 다음 번 협업에서 시너지를 낼 수 없도록 만듭니다. 오히려 그의 의견을 맹목적으로 따라가도록 만들죠. 이는 해도 소용없다는 생각이 마음속에 자리잡게 되었기 때문입니다.

우리는 살면서 상대방이 이해하고 있는 바를 내 생각과 정확하게 일치시킬 수 있도록 많은 노력을 기울여야 합니다. 그 이해관계가 윤리적으로 문제되지 않을 정도의 수준이라면 모두의 의견을 존중해서 일을 진행하는 것이 응당 옳습니다.

문제는 자신에게 있는 것을 쉽게 포기하지 않는 사람들입니다. 이를 해결하기 위한 이상적인 방안은 서로의 것을 조금씩 양보하며 좋은 방안을 찾는 것인데 이게 생각보다 잘 되지 않습니다. 모든 사람들의 이익을 위해 일한다는 것은 생각처럼 쉬운 일이 아닙니다.

그럼에도 불구하고 세상에는 이를 달성하기 위해 일하는 사람들이 많습니다. 우리는 그런 사람들을 어떻게 바라보아야 할까요? 그리고 우리는 어떤 마음으로 세상을 살아가야 할까요? 글을 읽으며 다시 한 번 생각해보았으면 합니다.

제 3 장 믿음으로 만드는 관계

제19원칙

사람을 얻는
핵심원리,
역지사지

❖ 우리는 다른 사람을 얼마나 알고 있는가?

한 남자가 아이와 함께 지하철에 탔습니다. 그런데 이 둘의 행동이 좀 이상했습니다. 아이는 지하철 안에서 마구 뛰어다니며 놀고 있었습니다. 그럼에도 불구하고 아버지는 아이에게 아무 말도 하지 않았습니다. 같은 칸에 있던 승객들은 기분이 좋지 않았습니다. 아이가 다른 사람들을 배려하지 않아서 지하철 안에 있는 것이 불편해졌기 때문입니다.

참다 못한 한 승객이 아버지에게 다가가서 항의했습니다. 아이가 이렇게 버릇없이 구는데 왜 훈계하지 않느냐는 것이었습니다. 승객은 아버지에게 자녀가 잘못된 행동을 했을 때 지도하는 것은 아버지의 의무라는 내용을 강조했습니다. 이야기를 다 들은 아버지는 그에게 이렇게 말했습니다.

"죄송합니다. 방금 전 병원에서 하늘로 간 아내를 보내고 오는 길입니다. 아이가 버릇없이 굴고 있다는 사실을 알고 있지만 지금 제가 너무 마음이 힘들어 아이를 제대로 교육시키지 못했습니다. 이 점 죄송합니다. 아이에게는 따로 말해 둘테니 지금만큼은 아내를 생각할 수 있도록 제게 시간을 주시면 안 되겠습니까?"

이 사례를 통해 우리가 배울 수 있는 것은 무엇일까요? 우리는 상대방의 입장을 이해하는 일이 얼마나 중요한지 다시 한 번 생각해보아야 합니다. 사람은 모두 저마다의 사연과 상처를 안고 살아갑니다. 물론 당사자가 말을 하지 않는다면 그 사람의 상황을 100% 이해하기란 힘든 일입니다. 하지만 그렇다고 해서 그 사람을 파악하려는 노력을 아예 하지 않는 것은 그리 바람직한 행동이 아닙니다.

우리는 주변을 살펴보며 내 입장이 아니라 다른 사람의 입장으로 세상을 이해하려 노력해야 합니다. 물론 너무 그 사람만을 생각하며 자신이 손해 보는 상황을 감내할 필요는 없습니다. 그러나 일을 하며 서로에게 도움이 되기 위해 필요한 것이 무엇인지 한 번 정도만 더 생각해본다면 아마 그렇지 않은 경우에 비해 큰 성과를 거둘 수 있을 것입니다. 모든 문제는 상대방의 입장을 생각하지 않기 때문에 생깁니다.

❖ 사람을 살리려면 어떻게 해야 하는가?

노무현 대통령 역시 이런 진리를 잘 알고 있었기에 자신의 인생 대부분을 사회적 약자나 노사간의 갈등을 해결하는데 보냈습니다. 상식적으로 생각해 볼 때 사회적 약자를 돕는다고 해서 부자가 될 수 있는 것은 아닙니다. 오히려 돈을 벌려면 지역의 부자를 만나고 정치적인 인맥을 넓히는 것이 훨씬 더 큰 도움이 되었을 것입니다. 그러나 그는 그렇게 하지 않았습니다.

사실 정부의 입장에서는 국가에 발전에 도움이 되는 생산적인 일에 더 마음이 갔을 것입니다. 그렇기 때문에 산업발전기였던 7~80년대에는 국가의 기반시설을 운영하는 자본가들에게 특혜가 일부 집중될 수밖에 없었습니다. 그러나 이런 조치로 인해 노동자를 필두로 하는 사회적 약자는 자신의 권리를 주장하지 못하고 부당함을 감내해야 했습니다. 공장에서 가스를 마시며 일을 하다 평생 장애를 안고 살아가야 하는 사고를 당하거나, 기계에 다쳐 몸을 쓸 수 없게 되는 경우도 이 시기에는 비일비재했습니다. 사실 우리가 이렇게 좋은 환경에서 지낼 수 있게 된 것도 어찌 보면 이 분들의 노력이 있었기에 가능했을 것입니다.

노무현 대통령은 노동운동을 하면서 기억에 남았던 것들 중 하나로 '원진 레이온 사건'을 들었습니다. 화학섬유를 만들어내는 이곳에서 작업하던 사람들의 몸이 마비되는 현상이 벌어진 것이었습니다. 원인은 작업 공정 중에 배출되는 이황화수소라는 가스였습니다. 치열한 현장조사 끝에 노무현 대통령은 회사측으로부터 이를 직업병으로 인정받고 일체의 책임을 지겠다는 합의서를 받아냅니다.

그런데 이렇게 재발 방지를 약속했던 회사는 합의서를 쓴 이후에 원래의 입장을 바꾸지 않았습니다. 모든 노동자들을 검진하겠다는 약속을 지키지도 않았으며, 진상규명에도 소극적인 태도로 일관했습니다. 그 과정에서 노무현 대통령은 사고로 온몸이 마비된 환자를 보게 됩니다. 도와달라는 말에 아무것도 할 수 없었던 자신의 모습을 보며 그는 어떤 생각을 했을까요? 아마 마음속에 가장 먼저 자리잡은 감정은 자괴감과 무력감일 것입니다. 인권변호사의 한계를 느끼고 더 많은 사람들에게 도움을 주기 위해 선택한 국회의원의 길 역시 변호사 시절과 크게 다르지 않다는 사실에 그는 가슴 깊이 슬퍼했습니다. 이에 그는 강도 높은 어조로 힘이 있는 사람들을 비판합니다. 자신의 안위보다는 노동자의 권리가 더 중요하다고 판단했기 때문입니다.

"정부는 입만 열면 노사 화합을 외칩니다. 그러나 노조 한번 해 보려고 하다가 전기도 끊기고 수돗물도 끊긴 공장 바닥에서 스티로폼 한 장 깔고 앉아서 생라면을 씹고 있는 이 노동자가, 가족이 가져다 준 주먹밥마저 빼앗겨서 불타 버리는 광경을 바라보고 있는 이 노동자가, 그리고 끝내는 감옥 갔다가 해고되어서 길거리에 내쫓긴 아들 노동자가 그들을 내팽개친 기업주와 이 땅 위에서 서로 화합하고 살기를 기대하십니까? 국무위원 여러분, 아직도 경제 발전을 위해서, 케이크의 크기를 더 크게 하기 위해서 노동자의 희생이 계속되어야 한다고 생각하십니까? 저는 그런 발상을 가진 사람들에게 이렇게 묻겠습니다. 니네들 자식 데려다가 죽이란 말야! 춥고 배 고프고 힘없는 노동자들 말고 바로 당신들 자식 데려다가 현장에서 죽이면서 이 나라의 경제를 발전시키란 말이야!"

주변에는 성공한 뒤 지난 날의 어려움을 쉽게 잊어버리는 사람이 많습니다. 자신의 이익과 앞날을 생각하며 주변 사람들이 받아야 할 이익까지 독식하는 경우도 많죠. 그런 면에서 살펴보면 노무현 대통령은 바보에 가까운 사람이었습니다. 국회의원이 되었는데도 불구하고 사회에서 관심을 갖지 않는 노동자의 인권을 위해 일하며 정작 그 자신은 아무 것도 바라지 않았기 때문입니다.

사람의 관계를 단순히 주고받는 것으로만(give & take) 봐서는 안 되지만, 저는 그의 이런 행동들이 이후 대통령에 당선되는데 기폭제의 역할을 했다고 생각합니다. 노무현 대통령이 당선되기 전까지 사람들은 자신을 위해 일해주는 대통령을 만나지 못했다고 생각했습니다(물론 노무현 대통령 역시 국민의 기대를 충족시키지 못해 이후 큰 고초를 겪어야만 했습니다). 그러던 와중에 그가 보였던 행동이 사람들의 마음에 와 닿았던 것이죠. 국민들의 생각을 잘 이해해 줄 것이라는 판단은 바로 그가 참여했던 과거의 사건들로부터 나올 수 있었습니다.

❖ 미국의 민주주의

오바마 대통령은 2015년 1월 20일 열린 새해 국정연설에서 최저임금 인상을 촉구했습니다. 미국의 시민이 좀 더 나은 생활을 영위할 수 있도록 하는 그의 노력의 일환이었습니다. 반대하는 공화당 의원에게 그가 던진 말은 다음과 같습니다.

"여기에 아직도 최저임금 인상을 반대하는 사람이 있다면, 나는 이 말을 해주고 싶다. 풀타임으로 일하면서 1년에 1만 5천 달러(약 1600만원) 미만을 받고 가족을 부양할 수 있다고 생각한다면, 한 번 그렇게 살아보라. 그게 아니라면, 가장 어려운 처지에 있는 수백만 미국 노동자들의 임금을 올리는데 표를 던져라."

이 연설은 세계의 많은 사람들의 공감을 불러일으켰습니다. 국내에서도 많은 사람들이 이 연설 내용을 인용하며 변화를 촉구했죠. 그가 이런 정책을 내세울 수 있었던 이유는 그가 미국 내의 사회적 약자를 생각하고 있었기 때문입니다. 그렇지 않고서는 이런 정책을 낼 수가 없었을 것입니다.

누군가의 의견이 사람들로부터 지지를 얻기 위해 필요한 조건은 간단합니다. 그가 내는 의견이 많은 사람들을 생각할 수 있어야 한다는 점입니다. '신하는 자신을 알아주는 주군을 위해 목숨을 버린다'는 말이 의미하는 것도 이와 마찬가지입니다. 상대방이 원하는 것을 이해하고 이를 줄 수 있도록 노력하는 사람이라면 아마 모든 사람들로부터 존경을 받을 것입니다. 물론 이런 행위가 다른 사람들의 권리를 빼앗아가면서까지 이루어져서는 곤란합니다. 서로의 상황이 충분히 이해되어야 하죠.

저는 이 문제를 깊이 생각해 볼 수 있는 책으로 알렉시 드 토크빌이 쓴 '미국의 민주주의'를 추천하고 싶습니다. 프랑스의 정치철학자이자 역사가인 그는 이 책을 통해 미국의 민주주의 체제를 다루었습니다. 특히 이 책은 경제학과 경제사회학에서 중요한 위치를 차지하고 있죠.

토크빌이 미국의 민주주의를 유지시키는 요인으로 꼽은 조건은 지리적 이점과 법제적 요인 그리고 풍습의 3가지였습니다. 저는 이 중에서 우리가 집중해야 할 부분이 풍습이라고 생각합니다. 토크빌이 말한 풍습은 국민의 습성과 관행, 의견, 신앙 등을 한데 묶은 것입니다. 특히 그는 '아무리 좋은 조건을 갖추고 있고 최고의 법제도가 있을지라도 그것이 습속과 어긋난다면 정치의 기본 구조를 유지할 수 없다'고 강조했습니다. 상식적으로 생각해보아도 이는 옳습니다. 기독교의 교리가 아무리 좋은 것이라 해도 이를 이슬람 국가에서 실행할 수는 없습니다. 전쟁이 날 수도 있는 위험한 사안이기 때문입니다. 상대방을 이해하지 않고 무언가를 하는 것만큼 위험한 일은 없습니다.

그러나 상대방에게 자신을 과도하게 맞추는 일은 그다지 바람직하지 못합니다. 그 이유는 평범한 한 개인이 대중 속에 매몰되며 무력감에 빠지기가 이전보다 훨씬 쉬워졌기 때문입니다. 데이비드 리스먼은 '고독한 군중'에서 이를 타인지향형이라는 말로 정의했습니다. 오늘날 세상은 대부분이 평등하며, 지식수준 역시 비슷합니다. 또한 우리와 닮은 사람들이 많기 때문에 자신을 온전히 지키는 일이 쉽지 않습니다.

특히 이런 상황에서 다수의 권위는 무시 못할 정도의 엄청난 힘을 발휘합니다. 여론이 어떻게 형성되느냐에 따라 사람들의 행동양식이 결정됩니다. 그렇기 때문에 사람들은 안정감을 느낄 수 있는 자신만의 범위 내에 머무르게 되고 이는 통합적으로 사고할 수 있는 능력의 저하라는 결과를 낳습니다. 만약 이 때 사람들의 욕구를 충족시킬 수 있는 사람이 나온다면 그는 대중의 지지를 비교적 쉽게 얻을 수 있습니다.

중요한 것은 그가 이런 태도를 끝까지 유지할 수 있느냐입니다. 권력을 갖게 되면 이들은 거의 대부분 자신의 이익을 위해 움직이는 사람으로 변합니다. 더 큰 문제는 국민들이 앞서 말씀드렸던 이유로 인해 스스로 판단할 수 있는 능력을 상실한 채 위에서 만들어진 여론을 맹신하게 된다는 것입니다.

그런데 재미있는 것은 국민의 대다수를 상대로 권력이 무소불위의 힘을 발휘한다 해도 언제까지나 국민의 정서에 반하는 정책을 펼칠 수는 없다는 점입니다. 그렇게 될 경우 그 사람은 권력을 누릴 수 있는 명분을 잃어버립니다. 이런 이유로 권력이 있는 사람들은 자신의 영향권 안에 있는 군중을 설득하는데 온 힘을 기울입니다. 만약 그가 이전부터 지금까지 소속된 구성원을 위한 정치를 펼쳤다면 이는 그리 큰 문제가 되지 않지만 그렇지 않았다면 꽤 많은 것을 준비해야 합니다. 다양한 근거로 해명을 할 수 있어야 함은 물론이고 앞으로의 대책까지 마련해야 하기 때문입니다. 이는 그다지 효율적인 방안이 못됩니다.

이런 문제를 해결하기 위해 토크빌은 이상적인 지방자치가 확립되어야만 한다고 주장했습니다. 소규모 정치현장에서는 공공의 문제가 어떻게 자신의 이해와 직접적으로 관련이 있는지 비교적 쉽게 인식할 수 있습니다. 학생들에게 급식이 중단되거나 복지예산이 삭감되면 이에 따른 피해를 직접적으로 감내해야 하기 때문입니다. 또한 자신의 이익을 공공의 이익과 연결시키려는 시도 역시 함께 이루어집니다. 이런 일이 가능하려면 기본적으로 구성원의 시민의식이 성숙해야 합니다. 조금만 더 범위가 넓어진다면 국가권력의 비대화를 시민 스스로가 견제할 수 있게 될 것입니다. 물론 이렇게 되기까지는 해결해야 할 과제가 많습니다.

토크빌이 주장한 바는 결국 상대방의 입장을 이해하는 것에서 크게 벗어나지 않습니다. 소규모 정치를 통해 자신과 공공의 이익을 직접적으로 인식하는 행위는 서로의 상황을 이해하는 것에 다름 아닙니다. 이를 자발적으로 할 수 있도록 하는 제도적인 장치를 마련하는 것도 좋지만 기본적으로는 이를 직접 체험하며 이해하는 일이 무엇보다도 중요합니다. 접근법은 달랐지만 진정으로 중요했던 것이 무엇인지에 대한 결론은 같았던 것입니다. 우리는 이 사례를 통해 상대방의 입장에서 생각하는 일의 중요성을 다시 한 번 깨달아야 합니다. 상대방을 이해하지 않는 행동은 궁극적으로 자신에게 피해가 된다는 사실을 꼭 기억해주시기 바랍니다. 이는 역사를 통해서도 그리고 우리 주변에서 일어나는 사건들을 통해서도 충분히 증명되고 있습니다.

제 3 장 믿음으로 만드는 관계

제20원칙
실수를 사랑하는 자세가 바람직하다

❖ 실수는 두려움인가?

사람들은 실수를 두려워합니다. 어떤 방식으로든 우리에게 손해가 된다고 생각하기 때문입니다. 실제로 실수는 그렇습니다. 잠깐 방심하는 사이에 우리의 모든 것을 빼앗아 버리기도 하고, 내 상황을 돌이킬 수 없을 정도로 만들기도 하기 때문입니다. 우리는 이런 상황에서 어떻게 해야 할까요?

기본적으로 사람은 기록의 동물이기 때문에 이전의 사례를 잘 살펴보면 해답을 비교적 쉽게 찾을 수 있습니다. 전해진 기록을 통해 경험을 쌓고 자신의 배경에 축적시켜 놓는다면 아마 더 잘 대비할 수 있게 될 것입니다. 우리는 이런 작업에 의외로 게으른 편입니다.

또한 이를 어떻게 전해줄 것인가도 큰 문제입니다. 무언가를 배운 채로 이를 다른 누군가에게 전하지 않는다면 이는 국가적으로 큰 손해입니다. 더 나은 방안을 고민하며 실수하지 않도록 주변 환경을 만들어가는 일이 무엇보다도 중요합니다.

저는 실수를 통해 가장 많이 배울 수 있는 사람은 바로 가정의 자녀들이라고 생각합니다. 아버지의 사업 실패를 지켜본 사람은 돈에 대해 남다른 생각을 가집니다. 가정 폭력에 노출된 아이들의 경우 성인이 되면 같은 실수를 저지르지 않겠다고 다짐합니다. 비록 이런 경험이 그들의 인생을 100% 바꿀 수는 없다고 해도, 가까운 사람들의 사례를 통해 인생을 살아갈 진리를 배울 수 있다는 것은 큰 축복이 아닐 수 없습니다.

그렇기 때문에 실수를 들려주며 시행착오를 겪지 않도록 지도하는 부모의 자녀는 그렇지 않은 사람들에 비해 더 많은 것을 배울 수 있습니다.

❖ 성공보다는 실패를

노무현 대통령 역시도 이런 사실을 알고 있었기에 자녀를 교육시킬 때 각별한 주의를 기울였습니다. 그의 교육관은 무엇이었을까요? 사람들은 그가 한 나라를 대표하는 수장이었기 때문에 그의 자녀 양육법을 통해 무언가를 배울 수 있을 것이라고 생각합니다. 실제로도 그렇습니다. 만약 리더가 자녀를 제대로 교육을 하지 못한다면 자신이 이뤄놓은 것들이 순식간에 무너질 수도 있습니다. 당선이 유력했던 유명 정치인이 자녀문제로 낙마한 사례는 우리 주변에서 적지 않게 발견됩니다. 공신의 이미지로 친근하게 다가왔지만 딸의 고백 하나로 교육감 선거에서 낙선의 고배를 마신 고승덕 변호사나 아들의 병역문제로 대선에서 뼈아픈 패배를 당한 이회창 총재가 대표적입니다.

이를 위해선 먼저 노무현 대통령의 환경을 정확하게 이해할 필요가 있습니다. 어린 시절 가난하게 살았던 그의 가족이 원했던 것은 가족 구성원 모두가(특히 아들들이) 반듯한 곳에서 성공하는 일이었습니다. 노무현 대통령의 가족은 물려받은 재산도 없었고, 그나마 있던 재산도 친척의 사기에 모두 잃는 비극을 겪습니다. 그랬기 때문에 노무현 대통령의 어머니는 아들들에게 지주의 횡포, 가난의 괴로움 등의 한맺힌 이야기를 자주 털어놓으며 아들들에게 잘 먹고 잘 살 것을 당부했습니다. 노무현 대통령은 스스로의 삶이나 인생에 영향을 준 중요한 요인 중 하나로 어머니를 들었습니다. 어머니가 실수했던 것과 그 결과로 인해 오게 되는 어려움을 체험하며 그는 많은 것을 느꼈을 것입니다.

노무현 대통령의 이런 환경은 그에게 실수에 대해 깊이 생각할 수 있는 기회를 부여했습니다. 또한 주변의 환경을 생각하며, 아이들이 새로운 방법을 택하는 가운데 과거의 경험을 익히는 일이 중요하다고 판단했습니다. 과거의 실수를 통해 미래를 배운다면 이전보다는 더 나은 선택을 할 수 있을 것이라는 것이 그의 판단이었습니다. 물론 이런 인재가 되기 위해 가장 필요한 것은 인성일 것입니다. 노무현 대통령 역시 이 부분을 그냥 지나치지 않았습니다.

"야, 인마. 우리 자랄 때는……." 하면서 옛날 이야기를 내세워 아이들을 닦달하는 것이 통하지 않는 세상인 것 같다. 이미 세상은 달라졌다. 아이들이 보고 듣고 경험하는 세상은 우리가 살았던 세상과는 달라도 엄청나게 다르다. 찢어진 고무신을 기워 신던 이야기, 학교에서 기성회비를 내지 못해 쫓겨오던 이야기, 크레용을 빌려 쓰던 이야기, 그런 이야기가 아이들에게 교훈이 될 세상은 아닌 것 같다. 그렇다고 아이들에게 아무런 교육도 하지 말자는 이야기는 아니다. 오늘날의 세상에 맞게 건전하고 모범적인 시민이 되도록 가르치는 일은 잊지 말아야 할 것이다.

대개 성공한 사람은 실패한 이야기를 많이 하고 실패한 사람은 성공한 이야기를 많이 합니다. 그 이유는 성공한 사람들이 성공의 요인을 실패에서 배웠기 때문입니다. 실수를 한 사람들은 자신이 실수했다는 사실을 숨기고 싶어합니다. 그래서 우리 주변에는 '왕년에 내가…' 라는 말을 시작으로 자기 자랑을 늘어놓는 사람들이 많습니다. 이를 어떻게 받아들여야 할지는 전적으로 우리의 몫입니다. 노무현 대통령은 이를 다음과 같이 말하고 있습니다.

"내가 의도를 가지고 하는 이야기는 주로 옛날에 실수한 이야기, 잘못한 이야기들이다. 실수한 이야기가 배울 것도 많고 설득력도 있기 때문이다. 나머지는 보고 배운다. 아이들 교육에 위선만큼 해로운 것도 없을 것이다."

실수한 이야기가 사람들에게 더 설득력 있는 이유는 아마 실수가 갖는 속성 때문일 것입니다. 사람들은 완벽한 사람보다는 조금씩 빈틈이 있는 사람을 더 좋아합니다. 사람들은 완벽한 사람을 통해서는 배울 수 없다고 생각합니다. 그들이 원래부터 그러했다고 믿기 때문입니다. 그러나 실수의 경우는 조금 다릅니다. 사람들에게 거부감 없이 다가올 뿐만 아니라 잘 곱씹어보면 큰 도움이 되는 경우가 많기 때문입니다. 실수를 하지 않으려고 노력하는 가운데 스스로의 역량을 발전시킬 가능성은 대개 완벽한 사람만 만날 때보다 그렇지 않을 때가 훨씬 더 높습니다.

우리는 실수를 통해 끊임없이 배우며 자신을 발전시키기 위해 노력해야 합니다. 사람이 가지는 가장 큰 무기는 학습입니다. 동물은 공부를 하지 않지만 사람은 공부를 하며 지식을 전승합니다. 이런 노력이 지금 우리가 누리는 문명의 일부가 되었다는 사실을 우리는 간과해선 안 됩니다.

❖ 편지로 알려주는 실수담

 명문이라 불릴 수 있는 인도의 가문은 어디일까요? 사람들은 그 질문에 거의 대부분 네루 가문을 떠올립니다. 네루 가문은 3대에 걸쳐 인도의 총리를 배출했습니다. 영국으로부터 독립한 인도의 초대 총리 자와할랄 네루, 그의 딸인 인디라 간디와 그녀의 아들인 라지브 간디 또한 총리를 지냈죠.

 네루 가문의 교육이 다른 곳과 가장 큰 차이점은 감옥에서의 서신을 통해 자녀를 교육시켰다는 것입니다. 감옥에 투옥된 네루가 그의 딸인 인디라에게 정기적으로 서신을 보낸 것입니다. 특히 이들이 집중했던 것은 역사였습니다. 네루는 자녀에게 하고 싶었던 말을 편지에 기록하며 이를 통해 그들이 소중한 가치를 깨닫게 되길 원했습니다. 이 때 이들 사이에 오고 갔던 대화는 '세계사편력'이라는 책으로 엮이며 많은 사람들의 발전에 기여했습니다. 책을 통해 우리는 과거에 일어났던 일을 통해 우리가 배울 수 있는 점과 부모자녀간의 교육이 어떤 식으로 이루어져야 성공할 수 있을지에 대한 부분을 엿볼 수 있습니다.

 네루 가문이 역사에 집중했던 이유는 무엇이었을까요? 그 이유는 우리가 역사를 통해 사람들의 실수를 배울 수 있기 때문입니다. 잘못된 사례를 반면교사로 삼아 자신의 발전에 자양분으로 삼는 과정은 우리에게 큰 도움이 됩니다. 우리는 항상 자신의 손해를 줄이면서도 더 나은 방향으로 나아갈 수 있도록 끊임없이 노력해야 합니다. 만약 내가 앞으로 어떤 결과를 만들어 낼 수 있을지 전혀 알지 못하는 경우라면 과거의 사례를 통해 자신의 미래를 살펴보는 것도 큰 도움이 됩니다. 역사가 주는 가장 큰 장점이 아닐까 생각합니다.

이렇게 익힌 역사는 현재를 이해하는 발판이 되어야 한다는 것이 네루의 생각이었습니다. 이는 그가 아버지에게 받았던 교육의 영향이 컸습니다. 네루의 아버지는 신문에서 스크랩한 기사를 보여주며 아들에게 조국을 사랑하는 마음을 갖도록 도왔습니다. 인도의 정치와 비참한 현실을 바라보며 네루는 다양한 생각을 할 수 있었을 것입니다. 그런 경험이 결국 딸에게 이어진 것이죠. 네루가 감옥에 있으면서도 딸을 위한 다양한 역사적 사례를 들려줄 수 있었던 것은 그가 꾸준히 실시한 독서의 영향이 컸습니다.

사실 단순히 실수를 기계적으로 이해하는 것은 그다지 바람직하지 않습니다. 사건 가운데 숨겨져서 드러나지 않는 사람들의 애환을 이해하고 그렇게 밖에 할 수 없었던 상황을 그 사람의 시점으로 들여다보는 것이 필요합니다. 옳고 그름만 판단하는 것은 얕은 지식을 익히는 데에는 도움이 될지 모르지만 그 이외에는 그다지 큰 쓸모가 없습니다.

사람들은 실수하는 것을 두려워하고 실수를 저질렀을 때는 이를 수치스럽게 생각합니다. 그러나 반대로 생각해보면 이는 우리가 무언가를 배울 수 있는 기회이기도 합니다. 실수하지 않는 사람은 없습니다. 저는 우리가 실수를 어떻게 받아들여야 할 것인지를 깊이 고민해보아야 한다고 생각합니다. 생각하지 않는 사람은 사는 대로 생각하게 됩니다. 이런 상황은 우리 모두에게 좋지 않습니다. 오히려 실수하는 것을 두려워하지 않고 매 순간 자신에게 주어진 일에 몰입하며 능력을 발전시키는 사람들이 더 많아져야 합니다.

❖ 잊어버릴 줄도 알아야 한다

스페인의 작가인 발타자르 그라시안은 '잊어버릴 줄도 알아야 한다. 그것은 기술이라기보다는 행운이다. 우리는 가장 빨리 잊어야 할 일을 가장 잘 기억한다.'라는 말을 남겼습니다. 저는 우리가 가장 빨리 잊어야 할 것으로 과거에 자신이 한 실수를 말씀드리고 싶습니다. 실수를 기억하는 일이 만약 앞으로 맞이할 미래에 도움이 된다면 우리는 응당 그래야 합니다. 그러나 실수를 기억하며 그 상황을 떠올리기만 하는 것으로 성공했던 사람은 없습니다. 실수는 그 가운데서 배울 수 있는 무언가를 만들어내기 전까지는 아무런 의미가 없습니다.

사실 기억은 우리가 가장 그것을 필요로 할 때 우리를 쉽게 버리고, 우리가 필요하지 않을 때에 우리에게 달려오며 아픈 시절을 떠올리도록 만듭니다. 고통을 줄 수 있는 일에는 자상하고 부지런하며, 기쁨을 줄 수 있는 일에는 상대적으로 인색하죠. 이는 실수에도 똑같이 적용됩니다. 평상시에는 아무런 영향을 주지 못했던 과거의 실수가 결승전을 앞둔 프로골퍼에게는 치명적인 패인으로 작용합니다. 쉽게 기억할 수 있을 것 같았던 시험문제의 답이 답안지를 제출한 다음에 생각나는 것도 비슷한 원리입니다.

실수를 사랑할 수 있으려면 우리는 먼저 잊어버리는 자세를 배워야 합니다. 그렇지 않으면 실수는 우리의 마음을 끊임없이 괴롭히는 요소로 다가옵니다. 저는 가급적이면 우리가 실수를 잊어버리되, 삶을 바꿀 수 있는 소중한 원리만큼은 꼭 기억했으면 하는 바람이 있습니다. 이것이 우리가 실수를 사랑하는 이상적인 방법입니다. 또한 이를 통해 우리의 발전을 꾀할 수 있는 유일한 방법이기도 합니다. 물론 알고 있는 것과 실천하는 일은 전혀 다른 별개의 문제입니다. 그러나 저는 우리가 이 사실을 알고 있다는 것 하나만으로도 큰 의의가 있다고 생각합니다. 어찌되었든 무언가에 대비할 수 있다는 것과 같은 뜻일테니까요. 우리는 실수를 끌어안을 수 있도록 항상 마음을 갈고 닦아야 합니다. 또한 이를 통해 자신을 발전시키며, 가진 바 능력으로 많은 사람들에게 도움이 되는 일을 해야 합니다. 이런 사명을 가진 사람이 많아질수록 사회가 더 아름다워질 것이라고 생각합니다.

제4장
사람은 무엇으로 사는가?

제 4 장　사람은 무엇으로 사는가?

제21원칙

사람이 먼저다

❖ 사람은 곧 하늘이다

'사람이 먼저다'라는 말이 있습니다. 이는 18대 대선에서 민주당 후보로 출마한 문재인 의원의 캠프 슬로건이었습니다. 그가 이런 슬로건을 내세운 이유는 무엇일까요? 선거단은 이에 대한 이유로 "우리나라에는 먼 옛날부터 널리 사람을 이롭게 하라는 홍익인간(弘益人間) 사상이 있었고 사람이 곧 하늘이라는 인내천(人乃天) 사상이 있었다. 기득권 중심 사회에서 시민 중심사회로의 이동을 원하는 시대정신을 잘 실천하기 위해선 그 어떤 것보다 사람을 가장 맨 앞에 두는 것이 중요하다"는 논리를 내세웠습니다.

여기서 말하는 사람은 단순히 기득권층을 의미하는 것이 아닙니다. 기득권층이나 시민층이나 모두 다 존엄한 존재입니다. 그럼에도 불구하고 역사를 살펴보면 기득권층에게 권력이 집중된 적이 많았습니다. 그런 점에서 이 슬로건은 시대가 요구하는 조건을 잘 반영했다고 볼 수 있습니다.

그러나 문재인 의원은 새누리당의 박근혜 후보(현 박근혜 대통령)를 이기지 못하고 낙선의 고배를 마셨습니다. 그렇기 때문에 저는 박근혜 대통령이 남은 기간 동안 국민을 위한 정치를 잘 해줬으면 하는 바람이 있습니다. '내 꿈이 이루어지는 나라'를 만들기 위해 필요한 좋은 정책이 나왔으면 합니다. 어려운 사람을 돕고 격려하며 모두가 잘 사는데 필요한 정책 말입니다.

지금 여러분들이 중요하게 생각하는 사람은 누구인가요? 그리고 다른 사람들은 누가 중요하다고 생각할까요? 이는 그 사람의 가치관을 결정하는 매우 중요한 문제입니다. 그 사람이 내린 정의에 따라 삶의 방식이 완전히 달라지기 때문입니다.

저는 '사람이 먼저다' 라는 말이 '법이 사람을 억압하기 위한 용도로 사용되어서는 안 된다' 는 내용을 담고 있다고 생각합니다. 사실 법이 존재하는 이유는 사람들에게 더 나은 환경을 제공하기 위해서입니다. 그러나 오늘날에는 법이 사람을 억압하는 도구로 사용된다는 것을 부인하긴 어렵습니다. 그렇기 때문에 이를 어떻게 해야 될 것인가에 대한 논의가 전방위적으로 진행되어야 합니다.

❖ 어떤 법이 정당한가?

사실 그가 이런 슬로건을 내세울 수 있었던 데에는 노무현 대통령의 영향이 컸습니다. 문재인 의원은 참여정부시절 대통령 비서실장을 지낸 이력이 있습니다. 그는 이 시기에 노무현 대통령을 보고 많은 것을 배웠을 것입니다. 또한 그는 훨씬 이전에도 노무현 대통령과 뜻을 같이 했었습니다. 변호사에서 대통령이 되기까지 그 수많은 시간 동안 두 사람은 올바른 가치관에 대해 오랫동안 고민했을 것입니다.

저는 노무현 대통령이 가장 집중했던 활동 중 하나로 '노동운동' 을 말씀드리고 싶습니다. 노무현 대통령은 사회적 약자였던 노동자를 위해 자신의 이익을 포기하고 그들이 입장을 대변하려 노력했습니다. 앞서 말씀드렸던 원진레이온 사태도 이 활동의 일부였습니다.

저는 그가 이런 활동을 하면서 올바른 법에 대해 깊이 고찰할 수 있었다고 생각합니다. 노동자의 권리를 보호 해주지 못하는 법체계를 바라보며, 그는 절망했을 것입니다. 그럼에도 불구하고 그가 이렇게 힘든 싸움을 했던 이유는 그 일이 진정으로 옳다고 생각했기 때문입니다.

그렇다면 그는 법에 대해 어떻게 생각하고 있었을까요? 1998년 정리해고 문제로 현대자동차를 방문했을 당시 그는 사람들에게 이렇게 말했습니다.

"아직도 싹 밀어버리고 법질서 얘기하는 부분도 있는데 제가 생각하는 법질서는, 정면 도전하는 세력이 없는 법이 가장 합리적인 법입니다. 우리사회가 가지고 있는 노동법이 나쁘다 옳다를 떠나서 우리사회 현실이, 법에 정면 도전해 나가는 상황이 전개되고 있습니다. 법에 정면 도전하는 사회세력이 존재할 때 그것은 정치력으로 반드시 풀어나가야 합니다. 모두가 법을 두려워하고 지켜야 한다는 명제에 대해 동의할 때라야 법은 법으로서 강행할 수 있는 정당성이 있는 것입니다. 정면으로 명분과 기치를 내걸고 한 사회의 중요한, 의미 있는 세력을 가진 집단이 법질서에 저항할 때는 되도록 정치가 먼저 나서서 이 법을 수용해나가야 한다는 것으로 합의를 이끌어가야 합니다. 그런 것이 정치이죠."

그가 생각했던 올바른 법은 누구도 이의를 제기할 수 없는 엄격한 것이어야 했습니다. 그래야만 사회의 질서가 유지될 수 있었기 때문입니다. 그러나 그는 사회의 법을 사람들이 따르지 않는다는 점에 주목했습니다. 정말 지켜야 할 법인데도 사람들이 그렇게 하지 않았던 이유는 이 법이 공평하지 않다고 생각했기 때문입니다. 기본적으로 법은 모두에게 공평한 것이어야 합니다. 그럼에도 불구하고 법이 특정 집단에만 유리하도록 설계되었기 때문에 대다수의 사람들이 동의하지 못했던 것이죠. 정말로 제대로 된 법이라면 이렇게 만들어져서는 안 됩니다. 법을 만드는 사람이라면 법의 영향을 받는 수많은 사람을 먼저 생각하고 사람이 함께 잘 되기 위한 방안을 고민해야 합니다. 사람들이 기억하는 노무현 대통령은 '자신의 이익보다 다른 사람의 안정을 먼저 생각하는 사람', '올바른 세상을 만들기 위해 열정적으로 일했던 사람'입니다. 만약 모든 정치인이 이런 마음을 갖고 있다면 세상이 어떤 식으로 바뀌게 될까요? 즐거운 상상이 아닐 수 없습니다.

❖ 악법도 법이다?

'악법도 법이다'라는 말이 있습니다. 아무리 불합리한 법이라도 그 체계를 지켜야 한다는 말입니다. 이 말은 소크라테스가 한 것으로 알려져 있지만 사실 이는 잘못 알려진 것입니다. '악법도 법'이라는 말은 고대 로마의 법률 격언인 '법은 엄하지만 그래도 법'이라는 말에서 온 것이죠.

우리가 이 말을 소크라테스가 한 것으로 기억하는 이유는 간단합니다. 그가 독배를 마시기까지의 과정에서 불합리한 점이 많이 발견되었기 때문입니다. 그런 과정에서 법에 관한 내용이 추가되면서 마치 이 말이 소크라테스가 한 것인양 둔갑되었던 것이죠.

아마 그가 이런 마음을 먹었던 가장 큰 이유는 아마 만들어진 실정법을 강조해야 한다고 생각했기 때문일 것입니다. 이미 누군가가 만들어 놓은 약속이라면 이를 지키는 것이 시민의 의무라고 생각했던 것이죠. 그래서 그는 불합리한 환경에 불만을 품지 않고 죽음을 그대로 받아들였습니다. 물론 그렇다고 해서 세상을 빨리 떠나고 싶은 생각은 없었을 것입니다. 그의 성숙한 시민의식이 돋보이는 부분이라 할 수 있습니다.

저는 플라톤이 철인정치를 주장한 이유가 이와 무관하지 않다고 생각합니다. 그의 스승인 소크라테스는 사람들이 만들어 낸 옳지 않은 법 때문에 죽임을 당했습니다. 이런 그의 경험은 앞으로 나라를 이끌 리더를 직접 양성해야 한다는 마음으로 이어졌을 것입니다. 사람들은 어리석기 때문에 쉽게 누군가의 선동에 흔들립니다. 플라톤은 그 사실을 이때 깨달았던 것이죠.

법은 어떻게 만들어져야 하는 것일까요? 일반적으로 정부에 법안을 발휘하는 사람은 국회의원입니다. 국민들이 이상적인 생활을 영위할 수 있도록 다양한 것들을 지원하는 것이죠. 우리가 정치인을 국민의 대표자라고 하는 이유가 바로 여기에 있습니다. 이런 상황에서 만약 국회의원이 자신의 이익을 위해서만 움직인다면 국민들의 생활은 크게 나아지지 않습니다. 오히려 가지고 있는 것도 빼앗기게 되죠. 그렇기 때문에 우리는 선거철이 되면 후보들의 공약에 관심을 갖고 잘 지켜보아야 합니다.

저는 법이 만들어진 목적이 국민의 안전을 지키고, 국민들이 이상적인 생활을 영위할 수 있도록 돕기 위해서라고 생각합니다. 불합리한 법을 세워 국민을 압박하는 일은 그다지 바람직하지 못합니다. 노무현 대통령의 생각도 이와 같았습니다. 그랬기 때문에 그는 1987년 12월에 현대중공업 파업 현장에서 '사람을 위해 법이 있는 것이지 법을 위해 사람이 있는 것이 아니다'라는 말을 남겼습니다. 이후 그는 이 말로 언론의 엄청난 공세를 받게 됩니다. 그럼에도 불구하고 그가 이런 말을 했던 이유는 이상적인 법이라면 사람들을 먼저 생각해야 한다는 확고한 신념이 있었기 때문입니다.

노무현 대통령은 소수의 부자들보다는 우리 주변에서 흔히 볼 수 있는 수많은 사람들을 먼저 생각했습니다. 사실 국가를 이루는 근본은 국민입니다. 정치를 하는 목적은 더 많은 사람들이 잘 살 수 있도록 돕기 위해서 입니다. 그러나 역사를 살펴보면 이런 목적을 망각하고 있는 사람들이 너무나 많습니다. 우리는 항상 사람을 먼저 생각하며 한 명보다는 두 명, 두 명보다는 열 명을 이롭게 해야 합니다. 모두가 잘 사는 세상을 만들기 위해선 응당 그래야 합니다.

❖ 사람이 먼저다

규칙을 만드는 사람과 규칙에 따르는 사람 중 성공할 가능성이 높은 쪽은 어디일까요? 사실 이 질문에 대한 답은 아주 쉽게 찾을 수 있습니다. 자신에게 유리한 규칙을 마음대로 만들 수 있는 사람이 성공 가능성도 높기 때문입니다. 인생에서 성공하는 데는 다양한 요소가 필요하지만 그 중 중요한 요소로 우리가 기억해야 할 것은 '자신에게 유리한 환경을 만드는 일'입니다.

성공하기 위해 필요한 규칙은 무엇이 있을까요? 이는 그 사람의 성향에 따라 다양한 방식으로 나타날 것입니다. 사람들과의 관계를 좋게 유지하기 위해 정치를 하는 사람도 있을 것이고, 자신의 능력을 발전시키기 위해서 많은 노력을 기울이는 이도 있을 것입니다. 사람들은 모두 자신이 가장 잘 할 수 있는 일에 집중하기 마련입니다. 잘 하지도 못하는 일에 에너지를 낭비하는 것은 어찌 보면 상당히 비효율적입니다.

이런 일을 할 때 가장 중요한 것은 이상적인 윤리를 생각해야 된다는 점입니다. 다른 사람에게 피해를 주면서 자신이 유리한 위치를 점한다면 주변에 있는 어느 누구도 이런 상황을 좋아하지 않을 것입니다. 결국 외부의 아주 작은 충격에도 큰 피해를 입을 가능성이 높죠. 우리는 항상 법보다 사람이 먼저라는 사실을 생각해야 합니다. 법은 사람을 통제하는 수단이 아닙니다. 오히려 사람을 보호해야 하는 안전장치입니다.

사실 예로부터 지금까지 사회적 약자들은 법의 보호를 거의 받지 못했습니다. 오히려 지배층의 권력을 유지하는데 필요한 도구로 쓰인 적이 더 많았습니다. 정치에 뜻을 품고 남다른 사명감을 가졌던 사람들은 이런 관계를 개선하기 위해 많은 노력을 기울였습니다. 사람을 먼저 생각하지 않으면 할 수 없는 일입니다. 비록 우리가 정치인이 아닐지라도 그들의 이런 마음가짐은 꼭 배워야 할 필요가 있습니다. 법은 사람을 위해 존재하는 것입니다. 법이 보고 해야 할 것은 권력자들의 개인적 이익이 아니라 모든 사람에게 부여된 존엄한 권리입니다.

제 4 장　사람은 무엇으로 사는가?

제22원칙
지식은
무기다

❖ 세상을 지키는 힘, 지식

우리가 세상을 살아가려면 삶에 필요한 지식을 갖추어야 합니다. 다른 사람보다 똑똑한 사람은 그렇지 않은 사람들을 이용한다는 사실을 우리는 너무나 잘 알고 있습니다. 그렇기 때문에 예로부터 사람들은 공부를 해야만 성공할 수 있다는 생각을 많이 가졌습니다. 부모들은 공부하는 자녀를 좋아했고 자녀들은 이런 부모님의 기대를 저버리지 않기 위해 열심히 노력했습니다.

그런데 이처럼 공부를 해야 한다는 사실을 알고 있음에도 불구하고 정작 우리는 무엇을 배워야 할지 잘 모릅니다. 오늘날 지식이 무기가 된다는 것은 부인할 수 없는 사실입니다. 그러나 만약 무기를 쓰는 사람이 어떤 것을 사용해야 하는지 모른다면, 무기를 가지고 있다 한들 그다지 큰 쓸모가 없을 것입니다. 지식이 무기가 되려면 우리는 어떤 것을 배워야 할까요?

저는 먼저 우리가 배우는 지식이 실제 생활에 활용될 수 있어야 한다고 생각합니다. 우리가 공부를 하는 이유는 배운 지식을 삶에서 활용할 수 있도록 하기 위해서 입니다. 만약 열심히 배웠는데 이를 써먹지 못한다면 그것만큼 어리석은 일은 없을 것입니다. 그렇기 때문에 우리는 배우기 전에 내가 이 내용을 어떻게 하면 잘 활용할 수 있을지를 생각하지 않으면 안 됩니다. 목적 없이 익힌 지식은 쓰기에도 어렵고 스스로에게 도움이 되지도 않습니다.

더 중요한 것은 우리가 이렇게 익힌 지식을 윤리적으로 올바른 일에 사용해야 한다는 것입니다. 지식을 익힌 사람이 옳지 않은 생각을 하게 되는 순간 그 여파로 수많은 사람들이 피해를 입습니다. 그러나 반대의 경우에는 수많은 사람들이 혜택을 볼 수 있죠. 누군가가 똑똑하다는 사실은 반드시 그 사람이 윤리적이라는 것을 의미하는 건 아닙니다. 그는 이렇게 익힌 지식을 좋은 방향으로도 혹은 나쁜 방향으로도 사용할 수 있습니다. 중요한 것은 결국 그 사람이 어떤 생각을 가지고 있는지의 여부입니다.

아쉽게도 우리 사회에서는 자신이 익힌 지식을 나쁜 쪽으로 사용하는 사람들이 많습니다. 그렇다면 우리는 어떤 것을 준비해야 할까요? 저는 가장 먼저 이들의 술수에 대비할 수 있는 지식을 쌓는 것이 중요하다고 생각합니다. 그렇지 않으면 우리는 그들이 만들어놓은 함정에 그대로 걸려들 수 밖에 없습니다. 최후의 순간에 나를 지킬 수 있는 것은 내가 가진 본연의 능력입니다. 그 여러 가지 능력 중 하나는 지식입니다. 이는 다른 누구도 대신 해줄 수 없습니다.

❖ 유리한 판을 짜는 힘

노무현 대통령 역시 이와 비슷한 사례를 많이 경험했습니다. 사실 정치인은 자신에게 유리한 환경을 만들기 위한 방안을 끊임없이 생각해야만 합니다. 이 목적을 달성하기 위해서는 필요에 따라 다른 사람을 포섭하고 자신의 반대편에 있는 인물과 손을 잡아야 하는 경우도 생깁니다. 이때 가장 중요한 것은 내가 가진 지식입니다. 만약 내가 현명하게 행동하지 않으면 내가 손을 잡은 사람이 나를 위협하는 적이 될 수도 있기 때문입니다.

우리가 지식을 익혀야 하는 가장 큰 이유는 지식이 이전보다 더 넓은 시야로 세상을 바라볼 수 있는 힘을 길러주기 때문입니다. 만약 내게 이런 지식이 있다면 스스로에게 유리한 환경을 구축할 수 있습니다. 그러나 상대방이 나보다 더 많은 지식을 갖고 있다면 우리의 상황은 불리해질 수 밖에 없습니다. 사실 지식을 활용할 수 있는 방법은 많습니다. 상대방을 공격하는데 쓰이기도 하고 수비 할 때 활용하기도 하죠. 다만 이 모든 것은 내가 가진 지식의 양이 다른 사람들보다 많을 때에만 가능한 일입니다.

노무현 대통령도 5공 청문회 당시 이런 경험을 하였습니다. 5공화국에서 법무장관을 지낸 이종원 씨의 증언에 국회의원이 아무런 힘을 쓰지 못한 것입니다. 그는 국회의원이 잘 알지 못하는 법률적 지식으로 무장한 채 그들의 질문을 요리조리 피해갔습니다. 오히려 교묘한 논리로 그들을 갖고 노는 모습을 보여 주기도 했죠. 청문회에 참석했던 국회의원들은 이 사실에 분개했습니다.

그러나 그의 전략은 노무현 대통령 앞에서는 통하지 않았습니다. 노무현 대통령은 같은 법률적 지식으로 그와 맞섰습니다. 국회의원들이 그의 말에 반박하지 못했던 이유는 그가 문제를 자신이 알고 있는 지식으로 이리 저리 꼬아 놓았기 때문이었습니다. 그렇기 때문에 이 문제를 해결하기 위해선 같은 법률적 지식을 알고 있어야만 했습니다. 노무현 대통령은 변호사 활동을 했기 때문에 그가 꼬아놓은 문제의 핵심을 정확히 짚어 낼 수 있었죠.

그럴듯하게 들리지만 잘 이해되지 않는 것들은 거의 대부분 내게 해가 됩니다. 나쁜 의도로 접근 하는 사람들은 우리의 구미를 자극하는 것을 제공함과 동시에 자신의 진짜 의도는 뒤쪽으로 숨깁니다. 방어할 때도 이 원리는 비슷하게 적용됩니다. 이들은 자신의 목적을 달성하기 위해 본인의 진짜 의도를 숨기고 사람들을 혼란에 빠뜨립니다. 지식을 올바르게 활용하지 않는 것이죠. 노무현 대통령이 청문회를 마치고 깨달았던 진리는 다음과 같습니다.

"나는 그 때 지식이 잘못 쓰여질 때 그것이 얼마나 위험한 것인지를 새삼 깨달았다. 한 사회의 가치관이 거꾸로 서있거나 가치판단이 흔들릴 때, 잘못된 양심을 가진 사람의 지식은 어떤 도둑질이나 살인보다도 위험한 범죄인 것이다."

우리는 스스로를 보호할 수 있는 지식을 갖추어야 합니다. 세상은 우리가 생각하는 것처럼 호락호락하지 않습니다. 항상 깨어서 주변을 살피고, 내게 필요한 것을 끊임없이 배워야 하죠. 그렇지 않으면 다른 사람이 내 환경을 이용하게 될 것입니다. 이는 그리 바람직한 상황이 아닙니다.

피터 드러커가 강조했던 대로 현대는 지식기반사회입니다. 이런 사회에서 중요한 것은 당연히 지식입니다. 우리는 사회에 보탬이 되는 새로운 것을 만들어 내는 일을 사명으로 삼아야 합니다. 또한 이를 올바른 방향으로 활용할 수 있도록 많은 노력을 기울여야 합니다.

✥ 무기를 갈고 닦아라

사람은 누구나 공부해야 합니다. 그 중에서도 한 국가를 이끄는 지도자는 특히 뛰어난 지식으로 무장해야 하죠. 이는 옛날에도 오늘날에도 변하지 않는 진리입니다. 그렇지 않은 리더라면 다른 사람들에게 휘둘릴 가능성이 매우 높습니다. 국정 운영에 대한 확고한 철학이 없는 리더가 나라를 이끌 경우 나라가 잘 될 것이라는 보장은 어디에도 없습니다.

예로부터 조선시대의 임금들은 국가 운영에 필요한 지혜를 얻기 위해 '대학연의'라는 책을 즐겨 읽었습니다. 특히 세종은 이를 제대로 익히길 원했기에 아예 이 책을 경연의 교재로 선정해버렸습니다. 그리고는 3~4개월 단위로 대학연의를 복습하며 임금에게 필요한 덕을 쌓아나갔죠.

저는 지도자라면 반드시 이런 방식으로 열심히 공부해야 한다고 생각합니다. 지도자는 누구보다도 지식에 민감해야 합니다. 나라를 발전시키는데 필요한 지식을 무기로 사용할 수 있어야 하기 때문입니다. 군인들은 무기를 잘 쓸 수 있도록 지속적으로 유지보수작업을 실시합니다. 지식 역시도 마찬가지입니다.

조선시대의 유학자인 율곡 이이 역시 공부를 강조했습니다. 그 역시도 사서삼경 중 하나인 대학을 정리하여 '성학집요'라는 책을 펴냈습니다. 성학집요는 임금을 포함한 모든 사람에게 필요한 학문하는 자세를 기록한 책입니다.

이 책의 내용이 비록 임금의 학문을 주로 하였지만 사실 위아래를 막론해 누구에게나 통한다. 학문 하는 사람은 넓게 공부하고, 과해 넘치는 사람은 이 책을 통해 수렴해 되돌아와 요약하는 법을 얻고, 배움을 잃어 고루하고 협소한 사람은 이 책을 통해 공부하는 방법을 정해야 한다. 이로써 학문에 늦고 빠름이 있다 할지라도 더하여 좋은 바가 있을 것이다. 만약 부지런 하지 않고 편하고 쉬운 방법을 찾으려 한다면 아는 문과 뜰만을 찾고 방안에 들어가려 하지 않는 것과 같다.
_이율곡 '성학집요'

무언가를 배운다면 현실에서 활용할 수 있어야 합니다. 그런 면에 있어서 율곡은 현실 개혁가였습니다. 현 상황을 개선시키기 위해 필요한 것은 무엇일까요? 저는 그 대답으로 올바른 가치관과 기존의 것을 발전시키려는 사람들의 마음가짐을 꼽고 싶습니다. 만약 제게 이 두 가지 중 어느 것이 더 중요하냐고 묻는다면 저는 후자를 선택할 것입니다. 앞에서도 여러 차례 강조했듯이 올바른 가치관이 결여된 지식은 매우 위험합니다. 우리는 율곡의 자경문을 통해 이 내용을 확인할 수 있습니다

"새벽에 일어나 아침에 해야 할 일을 생각하고, 밥을 먹은 후에는 낮에 해야 할 일을 생각하며, 잠자리에 서는 내일 해야 할 일을 생각한다."

"일은 합당히 처리 할 방법을 찾는다. 일을 살피지 않고 글만 읽는다면 쓸모 없는 학문이 된다."

율곡은 이 문장을 통해 실용적이지 않은 것은 배척하는 태도를 보였습니다. 지식만 익히는 공부를 경계한 것입니다. 무언가를 배우는 것보다 중요한 일은 배운 내용을 어떻게 활용해야 하는지 고민하는 것입니다. 이를 위해서 우리는 항상 스스로를 끊임없이 갈고 닦아야 합니다. 율곡이 그토록 배움의 길을 강조한 이유는 이것만이 세상을 바꿀 수 있는 유일한 방법이라고 생각했기 때문입니다. 저는 그의 의견을 지지합니다. 아마 율곡은 배워야 할 것을 스스로 떠올리고 열심히 배워 얻은 능력을 사회를 위해 사용하는 우리의 모습을 떠올렸을 것입니다. 실제로도 우리는 그렇게 되어야 합니다.

✣ 무기를 활용하는 이상적인 방법

조선시대와 지금을 비교해봅시다. 우리는 그 시대의 사람들보다 훨씬 많은 시간을 배움에 할애합니다. 다양한 교과목을 배우고, 이상적인 사회인이 되기 위한 준비를 합니다. 세상이 전에 비해 많이 발전했기 때문에 배워야 할 내용도 함께 많아진 것이죠.

그런데 이렇게 열심히 배우는 것에 비해 그 효과는 그리 크지 않습니다. 저는 그 이유를 우리가 제대로 된 인성교육을 받지 못했기 때문이라고 생각합니다. 요즘 학생들은 거의 대부분 자신의 미래만 생각하기 때문에 세상을 바라보는 시야가 좁습니다. 반면에 옛 선현들이 배웠던 사서삼경의 중심내용은 인간과 세상이었습니다. 비록 우리가 그들이 배웠던 내용을 고리타분하다고 생각할지는 몰라도 이러한 교육 방식은 더 나은 세상을 만드는데 꼭 필요한 부분이었습니다.

저는 이 글을 읽는 여러분들이 공부하는 이유에 대해 깊이 생각해 보시길 원합니다. 사람마다 공부하는 이유는 다양할 것입니다. 어떤 이는 성공을 위해 공부하고, 또 어떤 이는 개인의 만족감을 위해서 공부합니다. 그러나 이렇게 공부한 우리는 어떤 방식으로든 사회에 자신의 능력을 환원합니다. 우리는 이 점에 주목해야 합니다. 내가 하는 행동이 어떤 방식으로든 사회에 영향을 줄 수 있기 때문입니다. 저는 기왕이면 우리의 행동이 사회에 좋은 영향을 미쳐야 한다고 생각합니다. 내가 하고 있는 행동으로 인해 같은 시대를 살고 있는 사람이 도움을 받을 수 있다면 그것은 그 자체로 큰 의미가 있습니다.

칼은 사람을 죽이는 무기입니다. 그러나 의사가 사용하는 매스는 사람을 살리는데 필요한 소중한 도구입니다. 이 도구는 모두 쇠로 만들어진 것입니다. 그러나 만들어지는 과정에 따라 그 목적이 완전히 바뀝니다. 지식 역시 마찬가지입니다. 똑같은 물리학적 지식이더라도 이는 우리 생활에 필요한 용품을 만드는데 사용될 수도 있고 핵폭탄을 만드는데 일조하기도 합니다. 문제는 이를 활용하는 사람들의 마음입니다.

지식은 사람을 죽일 수도 살릴 수도 있습니다. 우리는 이 사실을 마음속 깊이 새기고 이를 올바르게 활용하기 위해 많은 노력을 기울여야 합니다. 지식을 자신의 이익을 위해 사용하는 것이 나쁜 건 아니지만 이런 행위를 통해 다른 사람에게 피해를 주는 일은 삼가야 합니다. 자신이 행복감을 느끼는 범위 내에서 다른 사람의 권리를 침해하지 않는 수준의 자유를 누려야 하는 것이죠. 저는 똑똑한 사람일수록 자신보다는 다른 사람을 생각하는 자세를 갖추어야 한다고 생각합니다. 이런 생각을 하는 사람이 많아질 때 우리 사회는 더 발전할 수 있을 것입니다.

제 4 장   사람은 무엇으로 사는가?

제23원칙

사람을
사랑하라

❖ 사람 그리고 사랑

　세상에는 다양한 종류의 사람들이 살고 있습니다. 이 사람들의 유형만큼 사랑의 형태도 가지각색입니다. 만약 세상에 사랑이 없다면 열정도 없을 것이고, 열정이 없다면 발전도 없을 것입니다. 만약 누군가가 어떤 주제에 대해 관심을 가진다면 이는 그 사람에게 고무적인 일입니다. 실제로 페이스북의 창시자인 마크 주커버그가 업무시간에 주로 하는 일은 컴퓨터 코딩입니다. 자신이 좋아하는 것에 집중한 결과 성공을 이룰 수 있었던 것입니다. 대기 성공하는 사람들은 자신의 일을 좋아하고 이에 몰입했다는 공통점이 있습니다.

　저는 세상이 훨씬 더 좋아지려면 우리가 사랑해야 할 대상이 사람이어야 한다고 생각합니다. 예수님은 이를 '아가페'라는 단어로 설명했습니다. 연인간의 사랑이라기보다는 사람 자체를 생각하는 사랑이라는 뜻입니다. 기업인에게 또 정치인에게도 이 가치는 정말 중요합니다. 하지만 아쉽게도 이는 사람들에게 잊혀진지 오래되었습니다.

　사람들이 사랑하지 못하는 이유는 세상이 너무 각박하기 때문입니다. 자기 자신의 앞날을 걱정해야 하기 때문에 다른 사람들을 생각할 여유조차 갖기 못하는 사람들이 우리 주변에는 너무 많이 있습니다. 우리는 이 문제에 대해 어떻게 생각해야 할까요?

　솔직히 말하면 우리는 그들의 애환을 정확하게 이해하지 못합니다. 어떤 문제로 인해 어려움을 겪는 것인지, 어떤 도움을 받아야 그들의 마음이 편해지는지, 그들의 어려움을 어떻게 이해해야 하는지 등 고려해야 할 요인이 많은데도 우리는 이에 무지합니다.

만약 우리가 다른 사람들이 어려움을 이해할 수 있게 된다면 상대방에게 완전함의 즐거움을 전함으로써 그들의 삶을 아름답게 만들어 줄 수 있습니다. 사실 다른 사람의 도움 없이 어떤 일을 완전히 성취하기란 매우 어렵습니다. 이런 점에서 볼 때 상대방의 어려움을 이해하는 일은 무엇보다도 중요합니다. 또한 그런 마음을 바탕으로 다른 사람을 사랑하게 된다면 지금 우리가 있는 세상을 발전시키는데 큰 도움이 될 것입니다.

❖ 환경이 사람을 만든다

아마 노무현 대통령처럼 다양한 유형의 사람을 만났던 이는 드물 것입니다. 고시를 공부하던 시절에는 몸을 자주 쓰는 공사판의 육체노동자들과 친분이 있었고, 변호사 시절에는 공장에서 일을 하는 노동자들의 권리를 보호하기 위해 수많은 노력을 기울였습니다. 대통령에 당선된 이후에는 다양한 정치인들을 만나며 생각을 나누고 이를 정책에 반영하기도 했죠.

환경이 사람을 만든다는 말에 걸맞게 이들의 생각은 모두 다릅니다. 여기서 말하는 환경은 이들이 받은 교육과도 밀접한 관련이 있습니다. 사실 예전에는 제대로 된 교육을 받는 일이 매우 힘들었기 때문에 지금으로서는 상상도 할 수 없는 일들이 매우 비일비재하게 발생했습니다.

이는 노무현 대통령이 청년 시절이었던 6~70년대에도 크게 다르지 않았습니다.

"한번은 일터로 나가는 길에 지나가는 아주머니들에게 음담패설로 희롱을 한 적이 있었다. 그러나 그 아주머니들도 호락호락하지가 않아 욕만 됫박으로 얻어먹고 코가 납작해져 버린 일이 있었다. 분풀이할 궁리 끝에 다음 날 아주머니들이 지나가고 있는 길거리를 향해 나란히 줄지어 서서는 바지춤을 내렸다. 그리고 단체로 오줌을 갈겨댔다. 밥 먹고 생각하는 거라곤 그런 것뿐이었다. 그 뒤 군대를 갔는데, 군복을 입혀 놓으니 또 그 지경이고, 제대 후 예비군복을 입혀 놓아도 마찬가지였다. 의사건 변호사건 예비군 훈련장에만 가면 어떻게 농땡이를 부릴까 궁리만 한다. 아무 길거리에서나 오줌을 누고, 끝나면 그냥 집에 가도 될 걸 술집에 몰려가 한 잔씩 해야만 하고, 그러다 지나가는 여자나 희롱하고……"

물론 지금의 노동 환경은 이때와는 하늘과 땅 차이입니다. 이런 일이 발생할 가능성도 적죠. 제가 이 사례를 통해 말씀드리고 싶었던 것은 노무현 대통령이 그 당시부터 정치에서 물러나는 순간까지 다양한 사람들을 만나면서 많은 생각을 하게 되었다는 점입니다. 그는 이런 폭넓은 경험을 통해 올바른 문화와 환경을 만드는 일을 일생일대의 사명으로 생각했을 것입니다. 올바른 기업문화, 올바른 노사관계, 올바른 법, 가급적 많은 사람들에게 도움을 줄 수 있는 각종 조례 등 생각할 수 있는 주제는 매우 많습니다. 게다가 대통령에 당선된 이후에는 외교적인 문제까지 머릿속에 있었기 때문에 노무현 대통령은 임기 중 매우 바쁘게 움직였습니다.

저는 노무현 대통령이 우리에게 친근하게 다가 올 수 있었던 이유를 그가 기득권층을 위해서보다는 사회적 약자를 위해 인생 전반을 보냈던 점에서 찾고 싶습니다. 모두가 행복할 수 있는 방안을 찾아 정치를 해야 함에도 불구하고 자신에게 도움이 될 것 같은 사람들에게만 집중하는 태도는 옳지 않습니다. 이런 점에서 볼 때 노무현 대통령이 사람들로부터 인기를 얻을 수 있었던 이유는 명백합니다. 그는 자신의 이익보다 국민들의 이익을 먼저 생각했습니다.

우리 주변을 둘러보면 자신의 이익보다 다른 사람을 먼저 생각하는 사람은 비교적 적은 편입니다. 사실 이렇게 된 이유는 간단합니다. 다른 사람을 먼저 생각하면 자신이 피해를 입기 때문입니다. 사실 모범적인 행동의 기초가 되는 것은 자신들의 존재와 역할에 대한 뚜렷한 의식과 자부심입니다. 노무현 대통령은 사람들을 사회의 책임 있는 주체로 참여시키기 위해서 정치인의 역할이 중요하다고 생각했습니다. 그는 정치를 하면서 이를 행동에 옮긴 몇 안 되는 사람 중 하나였습니다.

✜ 백성이 먼저입니다

박지원이 쓴 '허생전'은 조선후기사회의 부조리를 통렬하게 비판한 책입니다. 권위주의에 빠진 양반과 세상에 참여하지 않고 글만 읽는 선비 모두를 비판하며, 더 나은 세상을 만들기 위해 노력해야 한다는 메시지를 전달하고 있기 때문에 허생전은 오늘날에도 많은 사람들에게 읽히고 있습니다.

이 소설에 나오는 사건들은 현대를 살아가는 우리들에게 매우 중요한 것들을 시사하고 있습니다. 고전을 통해 옛 기억을 반추하고 현대사회에서 적용할 힘을 얻는 과정은 내가 어느 곳에 있던지 반드시 필요한 과정입니다. 이를 게을리하는 사람은 자연스럽게 시대의 요구에 뒤떨어질 수 밖에 없습니다. 당연히 성공은 어려워집니다.

허생전의 이야기는 시골에서 책만 읽던 허생원이 세상으로 나와, 큰 돈을 벌어 많은 사람들을 위한 이상적인 나라를 세운다는 내용으로 매우 간단한 편입니다. 그렇다면 허생원은 어떻게 큰 돈을 벌 수 있게 된 것일까요?

그가 부자가 될 수 있었던 비결은 독점에 있었습니다. 부자인 변진사로부터 만냥을 꾼 뒤, 시장에 있는 과일을 모두 사들여 씨를 말려버린 것입니다. 이렇게 되면 애덤 스미스가 주장한 수요와 공급의 법칙에 따라 물건의 가격이 올라갑니다. 최대한 시간을 끈 허생은 자신이 사들인 과일을 10배의 가격에 풀어, 10만냥의 이익을 남깁니다. 물류 시스템이 정착하지 못한 조선 사회의 맹점을 단적으로 짚어주는 부분입니다. 실제로 허생전의 저자인 박지원은 열하일기에서 수레를 통한 물류 시스템의 확충을 주장했습니다.

그가 과일을 독점한 이유는 백성들에게 피해를 주지 않으면서도 돈을 벌 수 있는 가장 합법적인 방법이었기 때문입니다. 쌀을 독점해서 더 큰 이익을 남길 수 있었는데도 그렇게 하지 않은 이유는 아마 사람을 사랑하는 그의 마음 때문이었을 것입니다.

이런 그의 성향은 번 돈으로 사람들을 모아 제주도로 떠날 때도 나타납니다. 제주 목사(오늘날의 도지사)의 폭정을 견디다 못한 주민들을 대신해 그를 몰아낼 계책을 세우고, 결국 제주도를 살기 좋은 곳으로 만들었습니다. 재미있는 사실은 제주 목사의 권위의식입니다. 그는 자신의 권력으로 모든 것을 할 수 있다고 생각했지만 허생의 계략으로 관청에 아전과 단 둘만 남게 되자 할 수 있는 것이 아무 것도 없었습니다. 음식을 먹을 수도 없고 심지어는 볼일을 보지도 못했지요. 양반사회의 병폐를 단적으로 꼬집는 부분이 아닐 수 없습니다.

저는 박지원이 쓴 '허생전'이라는 작품 하나만으로 조선사회를 바꾸기는 어려웠을 것이라고 생각합니다. 그러나 시대를 읽고 더 좋은 세상을 만들기 위해 노력했던 그의 모습에서 오늘날 현대 지식인이 가야 될 방향을 찾을 수 있었습니다. 자신을 갈고 닦으며 주변에 좋은 것들을 전파하는 가운데 더 좋은 세상이 올 것을 믿어 의심치 않습니다. 박지원이 쓴 허생전은 권위주의에 빠진 양반과 세상에 참여하지 않고 글만 읽는 선비 모두를 비판하며, 더 나은 세상을 만들기 위해 노력해야 한다는 메시지를 전달하고 있기 때문에 오늘날 읽어도 많은 사람들의 공감을 살 수 있을 것입니다. 허생전을 쓴 박지원 역시도 마음속 깊은 곳에 사랑이라는 가치를 품고 있었을 것입니다. 중요한 것은 우리가 이 가치를 얼만큼 생각하고 기억 할 수 있는지의 여부입니다.

❖ 사람을 사랑하라

사람은 누구나 내면에 가능성을 지니고 있습니다. 그 사람이 지닌 재물의 양과는 상관없이 이 원리는 모두에게 적용할 수 있습니다. 책의 초반에 살펴보았던 클레멘트 코스는 이를 증명하는 대표적인 사례입니다. 모두가 어려운 환경 속에서 힘들게 공부했지만 결국 자신이 원하는 바를 모두 달성했기 때문입니다.

그런데 이들의 재능은 어떻게 해서 꽃필 수 있게 되었을까요? 저는 그 대답으로 사랑을 말씀드리고 싶습니다. 클레멘트 코스가 성공적인 사례로 남을 수 있게 된 원인은 이들을 열정적으로 돌보았던 인물인 얼 쇼리스가 있었기 때문입니다. 저는 클레멘트 코스의 학생들이 그들 자신의 노력만으로 성공했다고 생각하지 않습니다. 오히려 이들을 성공으로 이끌었던 원인은 서로의 마음 속 깊은 곳에 자리잡았던 신뢰였을 것입니다. 이것 이외에 그들이 성공할 수 있었던 원인을 파악하기란 쉽지 않습니다.

사랑은 다른 사람의 행복을 내가 꼭 이루어줘야 한다고 생각하는 마음가짐을 의미합니다. 허생원은 백성들의 소망을 이루어 주기 위해 큰 돈을 번 뒤 이를 모두 그들을 위해 사용했습니다. 세종이 경연을 통해 대신들의 의견을 들었던 이유도 이와 별반 다르지 않았을 것입니다. 그의 머릿속에는 토론을 통해 얻은 내용을 백성들을 위해 활용해야겠다는 생각뿐이었습니다. 세종은 이를 그대로 실천했고 결국 그 시대의 백성들은 태평성대를 누릴 수 있었습니다.

지금 내가 세상을 얼마나 가치있게 여기는지 떠올려 봅시다. 만약 내가 세상을 사랑하고 있다면 우리는 세상을 위해 무언가를 하지 않으면 안 됩니다. 작가라면 좋은 글을 쓰고 과학자라면 세상에 보탬이 되는 것을 만들어내야 합니다. 물론 정치인이라면 많은 사람들에게 도움이 될 유익한 정책을 제안해야 하죠. 우리는 각자 맡은 자리에서 자신의 능력을 보탬으로써 사회를 더욱 아름답게 만들 수 있어야 합니다. 사람을 사랑한다는 것은 이런 뜻입니다.

제 4 장　사람은 무엇으로 사는가?

제24원칙

빠른 길보다는 바른 길을 선택하라

❖ 빠른 길과 바른 길

우리는 항상 올바른 것과 눈앞의 이익 사이에서 고민합니다. 욕심이 있는 사람은 이익을 선택하고 그렇지 않은 사람은 자신의 신념을 지킵니다. 그런데 이는 항상 같은 결과로 나타나지는 않습니다. 욕심이 있는 사람이다가도 개과천선하여 신념을 지키는 경우도 있고, 청렴하게 살다가 피치 못할 사정으로 부정을 저지르는 사람도 있기 때문입니다(그렇다고 해서 이들의 부정이 정당화 되는 것은 아닙니다).

이런 상황에서 궁지에 몰리는 사람은 누구일까요? 그는 아마 대다수의 의견을 따르지 않고 홀로 행동하는 사람일 가능성이 높습니다. 그것이 옳고 그르냐와는 상관없죠. 자신과 다른 생각을 하고 있다는 것 하나만으로도 배척의 이유는 충분합니다. 만약 누군가가 이런 상황에 처한다면 그는 외로운 싸움을 각오해야 합니다. 그것이 고고한 신념이라면 특히 더 그렇습니다.

눈 앞의 이익을 선택할 때 우리가 마음속으로 꼭 생각해보아야 할 질문은 '이것이 올바른 길인가?' 입니다. 대개 빠른 길은 편법을 동원하기 때문에 이후에 문제가 생길 가능성이 높습니다. 가장 이상적인 방법은 빠르면서도 올바른 방법이지만 세상의 일은 그렇게 호락호락하게 돌아가지 않습니다. 항상 돌다리도 두들겨보고 건너야 하죠. 신중하지 못한 상태에서 하는 선택은 우리의 목을 옥죄는 위기가 될 수도 있습니다.

저는 우리가 삶을 살면서 올바른 길을 가도록 끊임없이 노력해야 한다고 생각합니다. 요행을 바라는 것보다는 자신의 능력으로 원하는 목적을 성취하는 것이 훨씬 더 바람직합니다. 그러나 우리 주변에서는 이런 상황을 고깝게 보는 경우가 많습니다. 왜 그런 것인지는 알 수 없지만, 우리는 이런 자세를 지양해야 할 필요가 있습니다. 개인을 위해서도 사회를 위해서도 이런 태도는 그다지 좋은 것이 아닙니다.

❖ 커미션은 못 드립니다

노무현 대통령 역시 이런 점에서 자유롭지 못했습니다. 주변에서 다 하고 있는 일이었지만 스스로 옳지 않다고 생각했던 일에 손을 떼면서 궁지에 몰렸기 때문입니다. 그가 손을 뗀 일은 무엇이었을까요? 가장 대표적인 사례로는 변호사 시절에 지불해야 했던 알선 커미션을 들 수 있습니다.

노무현 대통령이 변호사로 일하던 시절에는 리베이트라는 관행이 있었습니다(이는 지금까지도 음성적으로 존재하고 있습니다). 리베이트는 간단히 말해서 사건을 받으면 이를 소개해 준 사람에게 일정 금액을 떼어 주는 것을 의미합니다. 일종의 소개비(알선 커미션) 개념이지요. 최근에도 제약회사의 영업사원이 의사나 약사를 대상으로 고액의 리베이트를 지불한 사실이 밝혀지면서 사회적인 이슈가 되기도 했습니다.

그가 가장 힘들어 했던 부분은 바로 커미션의 금액을 비교하며 수수료를 올리기 위해 흥정하는 상황이었습니다. 여기는 얼만큼 주는데 여기는 왜 적느냐는 항의를 수도 없이 들으면서 노무현 대통령은 돈에 대해 많이 생각했을 것입니다. 그는 어떻게 하면 이 위기를 타개할 수 있을지 다방면으로 생각하며 아이디어를 모았습니다.

고심한 끝에 그는 1982년 문재인 변호사(현 새정치민주연합 대표)와 동업하면서 커미션을 일체 끊어버리는 초강수를 선택합니다. 당연히 사건 수임률은 현저히 떨어졌습니다. 돈이 되지도 않는 곳에 일을 맡길 곳은 어디에도 없었기 때문입니다. 노무현 대통령은 커미션을 받지 않은 이유를 새로 시작하는 후배였던 문재인 변호사 앞에서 추한 꼴을 보여줄 수 없었기 때문이라고 말했습니다. 이런 그의 선택은 윤리적으로는 옳은 것이었습니다. 그러나 그 당시의 추세를 따르지 않았기 때문에 사건이 들어오지 않아 오랫동안 경제적 어려움을 겪었습니다.

문제를 타개하기 위해 그가 선택한 전략은 맡은 일에 최선을 다하며 고객과 신뢰관계를 형성하는 것이었습니다. 지극히 정석적인 방법입니다. 늦게까지 성심 성의껏 일한다는 모습을 보여주기 위해 일부러 회의 시간을 저녁으로 잡기도 하고 밤을 지새우며 토론을 하는 모습을 통해 상대방을 최우선적으로 생각한다는 인식을 심어주었습니다. 비록 그의 올곧은 모습에 시기하는 사람들이 생겨나긴 했지만 그는 결국 이런 방법을 통해 변호사로서의 입지를 탄탄히 다질 수 있었습니다. 사건이 많아지자 그는 노동사건, 시국사건, 조세사건 이외에는 모두 다른 변호사에게 일임하며 종합 법률 서비스를 제공하는 형식의 사무실 운영을 시도했습니다. 자신 있는 분야만 사건을 맡으니 승소율이 올라갔고 이는 자연스럽게 더 많은 사건 수임으로 이어졌습니다.

만약 노무현 대통령이 당시의 관행대로 알선 수수료를 지불하며 변호사 사부실을 운영했더라면 어떤 결과가 나왔을까요? 저는 만약 그가 이런 선택을 했다면 다른 변호사들과 큰 차이를 보이지 못했을 것이라 생각합니다. 커미션을 주지 않으면서 사건을 맡을 수 있으려면 변호사의 실력이 커미션의 가치보다 훨씬 더 뛰어나야 합니다. 그렇기 때문에 노무현 대통령과 문재인 대표는 사건을 맡기 위해 남들보다 훨씬 더 많이 노력해야 했을 것입니다. 시간이 많이 걸리긴 했지만 마침내 그들이 쏟은 땀과 노력은 사람들로부터 인정을 받을 수 있었습니다.

우리는 빠른 길과 바른 길 중에서 하나를 선택해야 하는 상황을 의외로 많이 접합니다. 이 때 우리가 할 수 있는 선택은 무엇일까요? 과거 노무현 대통령의 사례를 보면 대답은 간단해집니다. 만약 편한 것을 찾는다면 많은 사람들이 가는 빠른 길을 고르면 됩니다. 그러나 정말 자신의 노력을 보상받고 싶다면, 힘들더라도 시간을 들여서 자신의 기본적인 능력을 향상시킬 수 있는 전략을 선택하는 것이 옳습니다. 노력하는 사람이 모두 성공할 수 있는 것은 아니지만, 주변의 성공한 사람들을 살펴보면 그들은 모두 치열하게 노력했습니다. 무언가를 항상 배우고 익히는 것은 이들의 일상입니다. 우리는 항상 무엇을 선택해야 하는지를 생각해야 합니다. 저는 가급적이면 여러분들이 장기적으로 옳은 방안을 선택했으면 좋겠습니다. 순간의 위기를 모면하려고 선택하는 궁여지책은 어떤 방식으로든 해가 되기 때문입니다.

❖ 도적의 길

독일의 문학가인 실러가 쓴 '군도'라는 작품이 있습니다. 이 작품은 서로 다른 길을 선택한 두 형제의 갈등을 표현한 작품으로 당시에는 상영이 금지될 만큼 파격적인 내용을 담고 있었습니다.

이야기는 영주인 모어 백작의 아들 카를과 프란츠의 갈등에서부터 시작됩니다. 형 카를은 고리타분한 것을 싫어하고 술을 좋아하여 한량과 같은 생활을 하던 인물이었습니다. 이런 형이 못마땅했던 동생 프란츠는 형을 모함했고 그 결과로 카를은 집안에서 쫓겨납니다. 카를은 빈민들과 어울리며 시간을 보냈습니다. 그러나 생활고와 가혹한 착취에 시달리던 그들이 산으로 들어가 산적이 되자 그들과 함께 행동하며 자신 역시 산적이 됩니다.

이후 카를은 이전에 배웠던 군사지식을 산적단에 활용했고 그의 도움에 힘입어 산적단의 위세는 점점 커져갔습니다. 대규모의 영주군을 맞이했음에도 불구하고 물러서지 않고 싸워 대승을 거두기도 하죠. 그러나 이 전투에서 도적단의 두목과 카를의 동료가 전사합니다. 두목은 카를의 공을 잊지 않고 죽기 전에 그를 새로운 두목으로 임명합니다. 귀족가의 자제가 도적단의 두목이 된 것이죠.

반면 프란츠는 자신의 욕심을 채우기 위해 아버지를 구금하고 형과 결혼을 약속한 약혼녀까지 차지해버립니다. 그리고 가혹하게 영지민을 착취하고 세금을 거둬들이는 폭정을 저지릅니다. 이를 견디지 못한 사람들이 하나 둘 카를의 산적단으로 들어옵니다. 카를은 동료를 먹여 살리기 위해 귀족들의 집을 공격하기로 결심합니다. 귀족들을 공격하면서 카를은 프란츠가 아버지와 약혼녀에게 무슨 짓을 했는지 확인하고 복수를 준비합니다.

시간이 지나며 프란츠는 폭정에 의해 분노한 민중과 산적들의 공격에 자포자기하며 자살로 인생을 마무리합니다. 아버지 역시 카를이 산적단의 두목이 되었다는 사실을 알고 충격으로 세상을 떠나게 되죠. 카를은 자신이 추구하던 꿈과 이상이 허무하게 무너지는 모습을 보며 폭력으로 모든 것을 해결할 수 없다는 생각을 하게 됩니다. 결국 카를은 자수하며 스스로를 희생하기로 결정합니다.

실러가 군도를 통해 말하고자 했던 바는 바로 귀족의 억압과 부당한 착취구조였습니다. 카를이 도적이 된 상황이 불가항력이었다는 것입니다. 사실 영지의 주민들은 살기 위해 이런 선택을 할 수 밖에 없었습니다. 실제로 도적질을 하면서 삶이 더 윤택해지기도 했기 때문에 그들은 도적이 되기로 한 선택에 후회를 하지는 않았을 것입니다.

그러나 여기서 생각해보아야 할 문제가 있습니다. 이런 선택이 과연 양심의 목소리에도 부합하는지의 여부입니다. 카를이 도적단의 두목이 된 뒤로 아무리 주민들을 위한 전략을 세우고 실행했다 한들 결국 그들의 정체성은 도적이라는 말로 요약됩니다. 상식적으로 보았을 때 도적이 하는 일은 옳지 않습니다. 그러나 이들은 그들이 도적질을 하는 대상

(귀족)이 윤리적으로 옳지 않은 일을 하기 때문에 자신들의 행위가 정당하다고 주장합니다. 어느 것이 옳은 것일까요? 저는 그들이 이런 주장을 함에도 불구하고 도적질 자체는 나쁘다고 생각합니다. 우리는 항상 양심에 손을 얹고 부끄럽지 않은 일을 바탕으로 자신의 능력을 사회에 환원해야 합니다.

백성을 돕기 위해서는 카를처럼 도적단이 되어 영지민들을 위한 일을 하는 것이 훨씬 더 빠를 수 있습니다. 홍길동이 활빈당을 조직하여 도적질을 한 것도 이런 이유에서였을 것입니다. 그러나 살면서 기본적으로 지켜야 할 원리를 무시한 채 자신의 논리를 관철시키는 행위는 옳지 않습니다. 도적질은 나쁜 행위입니다. 원론적인 이야기처럼 들릴지도 모르겠지만 영지민들을 구하기 위해서 프란츠는 다른 방법을 찾을 수도 있었을 것입니다. 그러나 그는 그렇게 하지 않았죠. 이런 상황에서 우리는 그에게 어떤 말을 해줄 수 있을까요? 지금처럼만 하라는 말을 할 수도 있고, 아니면 양심의 목소리에 귀를 기울이며 도적질을 그만두라고 말할 수도 있을 것입니다.

이런 상황에서 우리가 해야 될 선택지를 고르는 기준은 '올바르고 떳떳한 일을 하라', '가까운 곳의 이익보다는 공익과 미래가치를 생각하라'의 2가지일 것입니다. 우리는 조삼모사에 나오는 원숭이를 비판하지만 사실 따지고 보면 우리 역시 원숭이들과 비슷한 선택을 많이 합니다. 항상 공부하고 노력하며 자신을 발전시켜야 하는 이유입니다.

❖ 빠른 길보다는 바른 길을 선택하라

우리는 통찰력과 정직한 마음을 지녀야 합니다. 우리가 만약 이 두 가지 조건을 지니고 있다면 거의 대부분의 일에서 성공을 거둘 수 있습니다. 사실 우리가 생각할 수 없는 사태가 발생하는 이유는 똑똑한 사람이 나쁜 마음을 먹기 때문입니다. 지식을 나쁜 방식으로 활용하는 것만큼 세상에 해가 되는 일은 없습니다. 특히 빠른 것을 강조하는 풍토에서 이런 현상은 두드러지게 나타납니다.

세상에서 우리의 역할을 온전히 감당하기 위해 우리에게 필요한 것은 철저함과 깊이입니다. 올바른 내면을 기르는 일은 삶을 살아가는데 있어 무엇보다도 중요한 요소입니다. 정문은 대궐 같지만 안은 오두막처럼 작은 집을 좋아할 사람은 아무도 없습니다. 우리 역시도 마찬가지입니다. 겉은 그럴싸하지만 속은 특별한 것이 없는 사람은 오래 사귀기 어렵습니다. 생각이 얕은 사람들은 금방 그 밑천이 드러나기 마련입니다. 이는 빠른 길을 선택하는 영악한 사람들 사이에서 자주 발견되는 특징입니다.

저는 우리가 항상 바른 길을 마음속에 새겨야 한다고 생각합니다. 편법에 눈을 기울이지 않고 정도에 집중하는 사람들이 많아질 때 우리가 살고 있는 이곳이 더욱 아름다워질 것이라고 생각합니다. 바른 길을 간다는 것은 마음을 다해 자신이 가치 있다고 생각하는 일을 꾸준히 한다는 뜻입니다. 마음을 다잡고 세상에 필요한 것이 무엇인지 항상 생각하는 우리가 되었으면 합니다. 그렇게 노력하여 만든 무언가를 후대의 사람들이 더 발전시킬 수 있을 것이기 때문입니다.

제 4 장 사람은 무엇으로 사는가?

제25원칙
욕심은 사람을 병들게 한다

✥ 욕심을 부리는 방법

사람들은 저마다의 욕심을 갖고 세상을 살아갑니다. 우리가 세상에서 지켜야 할 원리는 무엇일까요? 사실 우리 주변에서 발견할 수 있는 원리의 대부분은 개인의 성공, 즉 욕심에 맞춰져 있습니다. 다른 사람을 위해야 한다는 내용은 상대적으로 적은 편입니다. 상대방을 생각해야 한다는 원리도 결국에는 자신의 이득을 위해 활용될 가능성이 높습니다.

그런데 정말 이런 법칙을 따르면 성공할 수 있을까요? 정도는 다르겠지만 이런 경우 자신이 원하는 성공을 거둘 가능성은 비교적 높은 편입니다. 이유야 어떻게 되었든 노력을 했기 때문입니다. 노력한 사람과 노력하지 않은 사람이 같은 성과를 낼 것이라는 기대는 하지 않는 것이 좋습니다.

그런데 저는 이런 상황이 무조건 옳지만은 않다고 생각합니다. 사람에게 동기를 부여하는데 욕심이 그 역할을 하는 것은 사실이지만, 과도한 욕심은 사람에게 해가 될 수 있기 때문입니다. 저는 우리가 욕심을 부릴 때 개인적인 성공보다는 자신의 능력을 발전시키는 일에 집중해야 한다고 생각합니다.

인도의 민족 운동가인 마하트마 간디는 '지구는 사람들이 필요한 것을 충분히 제공할 수 있습니다. 그러나 사람들의 욕심을 완전히 채워주지는 못합니다' 라고 말하며 사람들에게 욕심을 버릴 것을 강조했습니다. 사실 우리는 이미 삶에 필요한 것들을 충분히 누리고 있습니다. 우리가 원한다고 음식을 무한대로 먹을 수 있는 것이 아닌 것처럼, 과도한 욕심은 사람의 몸과 마음을 상하게 합니다.

이런 상황에서 우리는 어떻게 살아야 할까요? 성공하기 위해서는 욕심이 필요하지만 우리는 그 욕심을 어디까지 가져야 할지 정확하게 알지 못합니다. 누군가가 확실하게 기준을 정해 주는 것도 아닙니다. 결국 우리는 주변의 조언과 자신의 생각을 정리하여 스스로 그 기준을 세워야 합니다. 그렇게 설정한 기준을 바탕으로 세상에 조금이라도 보탬이 될 수 있는 일을 하는 것이 자신을 위해서도 훨씬 더 좋습니다.

✢ 마음의 안식처, 봉하마을

우리는 이런 사례를 노무현 대통령을 통해서도 발견할 수 있습니다. 대통령 임기를 마친 그가 아무런 부귀영화도 바라지 않고 고향인 봉하마을로 돌아갔기 때문입니다. 전직 대통령들이 서울을 떠나지 않고 남은 인생을 보내고 있는 것에 비하면 이는 정말 특이한 일이 아닐 수 없습니다. 평소에도 지역감정이 없어야 한다고 주장했기 때문에 많은 사람들은 귀향을 박수 받을 일이라고 생각했습니다. 그는 이명박 대통령의 취임식이 있었던 2008년 2월 25일에 자신의 고향인 김해 봉하마을로 돌아갔습니다.

만명이 넘는 환영 인파의 환송을 받으며 노무현 대통령이 봉하마을에 도착해서 한 첫 마디는 '야 기분 좋다'였습니다. 그는 퇴임 후 봉하마을에서 쓰레기를 줍고 하천을 정비하며 오리농법을 연구하는 등 다양한 활동을 실시합니다. 사람들이 '대통령님 나오세요'라고 말하면 나와서 인사하고 애기도 나누며, 손주 뻘 되는 아이의 사탕을 뺏어먹기도 하는 등 주민들과 서스럼없이 지냈습니다. 아마 노무현 대통령은 이런 상태로 평생을 행복하게 살기를 소망했을 것입니다.

"대통령 할 땐 그렇게 나를 욕하더니 대통령 그만두고 나니까 내가 좋대요!"

이런 대통령의 모습이 보기 좋았는지 사람들은 꾸준히 봉하마을을 찾아왔습니다. 평일엔 만명, 주말엔 삼만명 정도가 마을을 방문했기 때문에 함께 살던 주민들은 큰 불편을 겪기도 했죠. 그럼에도 불구하고 사람들은 그를 원망하지 않았습니다 오히려 그가 봉하마을에 머무르고 있다는 사실을 고마워했죠.

저는 이런 그의 모습이 안빈낙도(安貧樂道)라는 사자성어와 잘 맞는다고 생각합니다. 노무현 대통령은 적은 재물에도 만족하며 주변의 사람들과 행복하게 살기 위해 많은 노력을 기울였습니다. 호화로운 파티보다는 마을의 어르신들과 소주 한잔 기울이는 것을 훨씬 더 좋아했습니다. 사람들은 그를 통해 욕심이 없고 소탈하며 인간적인 모습을 떠올렸을 것입니다.

물론 취임 이후 노무현 대통령이 봉하마을에서 평온한 인생을 보낸 것만은 아닙니다. 국가기록물 유출논란, 박연차 게이트 등 수많은 사건이 터지며 힘든 날을 보내다 부엉이 바위에서 생을 마감했죠. 그럼에도 불구하고 사람들이 봉하마을 시절의 그를 기억하는 이유는 간단합니다. 그가 그곳에서 보여주었던 인간적인 모습이 사람들의 마음을 움직였기 때문입니다. 이는 돈이나 명예로 되는 것이 아닙니다. 진정으로 사람을 이해하고 자신의 일을 사랑하는 모습을 통해서만 가능한 것이죠.

인생을 살면서 가장 중요한 것 중 하나는 욕심을 부리지 않는 일입니다. 만약 욕심을 꼭 부려야 한다면 자신보다는 다른 사람을 위해 부리는 것이 훨씬 더 좋습니다. 하늘은 자신을 위해 욕심을 부리는 사람에게도 타인을 위해 욕심을 부리는 사람에게도 세상을 바꿀 수 있는 힘을 부여합니다. 그러나 중요한 것은 전자는 세상을 부정적인 방향으로 바꾸지만 후자는 긍정적인 방향으로 변화시킨다는 점입니다. 모두가 다 함께 사는 세상이라면 저는 이곳이 아름답게 바뀌어야 한다고 생각합니다. 아마 노무현 대통령이 바랬던 세상도 그러했을 것입니다.

❖ 행복의 조건은 무엇인가

돈이 없으면 사람은 불행해집니다. 매일 공과금과 카드대금 그리고 대출이자로 허덕이는 삶을 좋아할 사람은 아무도 없을 것입니다. 그래서 우리는 싫어하는 일을 하면서도 돈을 벌려고 아등바등 살아갑니다. 좋아하는 일을 하면서 평생을 살면 참 좋으련만 우리는 아직까지 그 기회를 잡지 못하는 것 같습니다. 어떻게 보면 이는 참 슬픈 일입니다.

그러나 부유하면서도 행복하지 않다고 생각하는 사람들이 있습니다.

개인적으로 저는 이들이 더 불행하다고 생각합니다. 어떤 부분이 힘든지는 잘 모르겠지만 아마 이들의 행복을 결정짓는 요인은 '가치관', '비교심리' 그리고 '자존감'일 것입니다. 우리가 불행하다고 생각하는 이유는 무엇일까요?

부자와 가난한 자 간의 소득분배 비율을 나타낸 지니계수를 보면 물리적 지표를 판단할 수 있다고 말하는 이들이 있습니다. 지니계수는 1일 경우 부자가 모든 재물을 소유하고 있고, 0일 경우 모두가 평등한 자본이 있다는 뜻입니다. 한국의 지니계수는 거의 0.4인데 보고서에 따르면 이 정도 수준일 경우 폭동이 일어날 수도 있다고 합니다. 우리가 불행한 것은 돈 때문일 것이라는 생각이 많이 듭니다.

이런 의문을 갖고 여행을 시작한 사람의 이야기를 소개하고자 합니다. '꾸뻬씨의 행복여행'에 나오는 꾸뻬가 바로 그 주인공입니다. 소설의 형식이긴 하지만 작가의 실제 이야기를 바탕으로 쓰여졌다고 하니 기행문 정도로 생각하면 좋을 것입니다. 프랑스에서 정신과 의사로 일하고 있는 꾸뻬씨는 사람들을 치료하면서도 행복하지 않다고 생각합니다. 그래서 여행을 결심한 뒤 비행기를 타고 여러 나라를 돌아다니며 행복의 의미를 나갑니다.

꾸뻬씨는 여러 가지 사건을 겪습니다. 낯선 곳에서 사랑을 찾기도 하고 금융권에서 일하는 고액 연봉자인 친구가 행복하지 않다는 사실을 알게 되며 여행 중 납치되어 죽을 위기를 겪기도 하죠. 여행을 하면서 꾸뻬씨는 인생이 무엇인지 그리고 인생에서 추구해야 될 행복이 무엇인지 다시 한 번 생각하게 됩니다.

그는 여행을 하면서 약 20가지 정도로 행복의 법칙을 요약했는데 읽으면서 감탄을 금치 못했습니다. 우리가 꼭 알아야 될 내용이라고 생각했기 때문입니다. 그 중 몇 가지를 다음과 같이 요약해보았습니다. 읽으며 마음에 도움이 되는 것들을 찾게 되시길 진심으로 기원합니다.

- 행복의 비밀은 자신을 다른 사람과 비교하지 않는 것이다.
- 많은 사람들은 행복이 오직 미래에만 있다고 생각한다.
- 행복이란 있는 그대로의 모습으로 사랑 받는 것이다.
- 행복은 자기가 사랑하는 사람의 행복을 생각하는 것이다.

✣ 욕심은 사람을 병들게 한다

'하늘에서 음식이 내린다면' 이라는 애니메이션 영화가 있습니다. 이야기는 정어리를 파는 것 이외에는 특별한 것이 없었던 작은 마을에 살고 있는 플린트가 음식을 만드는 기계를 발명하는 것에서부터 시작합니다. 발명을 좋아하는 플린트는 침체된 마을을 살리고자 불철주야 노력한 끝에 기계를 발명하지만 이 기계가 만들어지는 과정에서 치명적인 오작동을 일으켜 마을을 쑥대밭으로 만듭니다. 공교롭게도 마을에서는 특산물인 정어리를 알리려는 테마파크를 완성한 뒤 개장식이 진행되고 있었습니다. 그가 만든 기계는 행사장을 초토화시킨 뒤 하늘로 날아가 버립니다.

그런데 상심하던 주인공에게 한 줄기 빛이 내려옵니다. 하늘로 날아간 기계가 자신이 이전에 명령했던 음식을 만들어 지상으로 뿌려주었기 때문입니다. 이 사실을 안 시장은 매우 기뻐하며 주인공에게 자신을 도와줄 것을 요청합니다.

이후 그의 일과는 매우 바빠집니다. 주인공은 시장이 요구하는 음식을 하루에 세 번 하늘에서 내려줄 수 있도록 기계를 조작합니다. 생일을 맞은 아이를 위해 아이스크림 눈을 내려주고 헨젤과 그레텔처럼 과자로 만든 집에서 아이들이 놀 수 있도록 만들어 주기도 합니다. 주인공은 순식간에 마을의 유명인사가 됩니다. 아이와 어른 할거 없이 모두 그를 좋아했기 때문입니다.

그런데 시간이 지나면서 기계에 문제가 생기기 시작합니다. 음식의 크기를 조절하지 못해 사람들이 다치는 일이 발생한 것입니다. 그러나 욕심에 눈이 먼 시장은 주인공에게 계속해서 음식을 만들 것을 강요합니다. 이후 마을은 재앙에 빠집니다. 주인공이 통제할 수 없는 방식으로 기계가 움직였기 때문입니다.

저는 이 영화가 사람들의 욕심을 적나라하게 보여준다고 생각합니다. 과한 것은 좋지 않습니다. 욕심은 거의 대부분 과한 것을 원하는 데서부터 시작됩니다. 대개 이때의 욕심은 성공의 촉매제가 아니라 재앙의 단초로 작용합니다. 자신을 파멸시킨다는 사실도 모른 채 이에 조금씩 잠식되어가기 때문입니다.

그렇기 때문에 저는 재물에 관한 욕심보다는 자신의 능력을 발전시키려는 욕심이 훨씬 더 바람직하다고 생각합니다. 돈을 벌기 위해 움직이는 사람은 윤리적으로 옳지 않은 선택을 할 가능성이 큽니다. 물론 능력을 키우려는 사람이라고 해서 항상 옳은 선택만 하는 것은 아닙니다. 가장 좋은 것은 욕심을 버린 채로 세상의 발전을 위해 자신의 능력을 사용하는 것입니다. 저는 노무현 대통령이 그런 삶을 살았다고 생각합니다. 정치권력의 정점에서 있었음에도 불구하고 주어진 임기를 마치고 모든 것을 내려놓는다는 것은 생각만큼 쉬운 일이 아닙니다. 저는 그가 욕심으로 인해 생기는 해악에 대해 알고 있었기 때문에 이런 선택을 했던 것이라고 생각합니다.

행복은 이미 만들어진 것이 아닙니다. 행복을 만드는 것은 우리의 적극적인 행동입니다. 다른 사람이 만들어놓은 재물을 부러워하기 보다는 삶을 바꾸려는 주도적인 행동을 통해 행복을 쟁취하는 것이 우리에게는 훨씬 더 효율적입니다. 노무현 대통령은 이 원리를 알고 있었는지도 모릅니다. 세상 사람들의 기준이 아니라 스스로의 행동을 통해 행복을 찾으려고 했기 때문입니다.

제 4 장 사람은 무엇으로 사는가?

제26원칙
양심의 소리에 귀를 기울여라

❖ 부끄럼 없는 세상

죽는 날까지 한 점 부끄럼 없이 세상을 사는 일은 우리에게 결코 쉬운 일이 아닙니다. 우리는 알게 모르게 주변의 사람들로부터 많은 도움을 받습니다. 그러나 모든 사람이 무언가에 우호적이지는 않기 때문에 시기하는 눈도 많습니다. 때로는 한 개인의 술책이 일반인의 험담을 불러 일으키기도 하죠. 그렇기 때문에 양심에 부끄러움이 없고 마음이 따뜻한 사람을 찾는 일은 예전에 비해 많이 어려워졌습니다.

이러한 상황에서 우리에게 필요한 능력은 마음의 소리에 귀를 기울이고 또 이를 깊이 생각하는 힘입니다. 일을 부끄럽지 않게 진행하려면 먼저 하게 될 일이 윤리적으로 흠결이 없어야 합니다. 내가 하는 일이 마약을 거래하는 사람에게 도움이 된다고 가정해봅시다. 그렇게 되면 우리는 이 일을 계속 할 수 있을 것이라고 말하기 어렵습니다. 이미 마음 속에 거부감이 생길 테니까요.

사실 우리가 세상에 부끄러운 일을 하는 이유는 거의 대부분 돈과 관련되어 있습니다. 옳지 않은 일인 걸 알고 있지만 당장 필요한 돈 때문에 소중한 가치를 포기하게 되는 것입니다. 특히 이 문제가 가족과 관련되어 있을 경우에는 일탈의 유혹에서 벗어나기 쉽지 않은 것이 사실입니다. 아이에게 줄 분유값이 없어 고민하고 있는 상황에서 어떤 일이 돈이 된다는 말을 들으면 사람들은 그 일을 하는데 주저함을 느끼지 않을 것입니다.

사실 성인군자가 아니라면 우리는 항상 돈과 올바른 일 사이에서 고민 할 수밖에 없습니다. 이런 상황에서 우리는 어떤 선택을 해야 할까요? 비록 제가 돈을 싫어하는 것은 아니지만 그럼에도 불구하고 저는 우리가 올바른 길을 택해야 한다고 생각합니다. 군도의 주인공인 프란츠를 이야기했을 때 말씀드린 바와 같이 아무리 숨은 의도가 좋더라도 그 일이 양심에 어긋나는 일이라면 우리는 그 일을 해서는 안 됩니다. 비록 그 순간에는 작은 일이 될지도 모르지만 이런 일이 반복되다 보면 우리는 잘못을 저지르는 일에 매우 무감각해질 수 밖에 없습니다. 장기적으로 봤을 때는 자신에게도 그리고 주변 사람들에게도 이는 좋지 않습니다.

❖ 가난한 변호사가 먹고 사는 법

노무현 대통령 역시도 이러한 사례가 있습니다. 변호사 시절 돈이 급해 더 중요한 가치를 무시했었기 때문입니다. 변호사 사무실을 개업하고 얼마 되지 않았을 때 아주머니 한 분이 의뢰했던 변호를 담당하는 중에 생겼던 일입니다.

노무현 대통령의 회고록에 의하면 이 사건은 당사자들의 합의가 이루어졌을 경우 변론이 필요없을 만큼 단순한 사건이었습니다. 사실 이런 상황이라면 변호사는 의뢰인에게 합의를 먼저 권했어야 합니다. 이렇게 하면 의뢰인은 돈을 적게 쓰고도 사건을 원만하게 해결 할 수 있었습니다. 변호사 입장에서도 일을 많이 하지 않아도 되니 서로가 편했을 테죠.

그런데 문제는 그 당시 사무실을 운영하기 힘들었던 노무현 대통령이 의뢰인으로부터 미리 수임료를 받아 자신의 생활에 사용했다는 점이었습니다. 사건이 원만하게 끝날 것 같다며 해약을 요구해온 의뢰인에게 그는 규정을 들어 해약이 힘들다는 말을 전했습니다. 사실 노무현 대통령으로서는 딱히 방법이 없었을 것입니다. 받은 돈을 이미 모두 써버렸기 때문입니다. 노무현 대통령은 이때 아주머니가 울먹이며 했던 말을 수십 년이 지난 뒤에도 잊을 수 없었다고 말했습니다.

"변호사는 본래 그렇게 해서 먹고 삽니까?"

사실 정확하게는 알 수 없지만 아주머니의 상황은 노무현 대통령보다 훨씬 더 안 좋았을 수도 있습니다. 아주머니는 변호사를 쓰는데 필요한 수임료를 마련하기 위해 많은 노력을 기울였습니다. 그런데 변호가 필요 없는 상황에서 미리 준 돈을 받지 못하게 되었으니 그 상실감은 이루 말할 수 없을 정도로 컸을 것입니다.

아마 노무현 대통령이 인권운동에 몰입했던 이유에는 이 사건으로 인해 생긴 죄책감도 포함되어 있을 것입니다. 같은 일이 다시는 발생하지 않도록 열심히 노력했을 테죠. 만일 우리가 단순히 먹고 살기 위해 일을 한다면 이는 동물의 삶과 크게 다를 바 없을 것입니다. 사람이 동물과 다른 점은 지난날의 잘못을 반성하고 같은 실수를 반복하지 않는다는 것입니다.

우리는 살면서 이와 비슷한 상황을 굉장히 많이 경험합니다. 우리는 어떤 선택을 해야 할까요? 양심의 목소리에 따를 수도 있고, 순간의 욕망에 몸을 맡기며 자신의 욕심을 채울 수도 있습니다. 그러나 이 둘 중 세상을 좀 더 아름답게 만드는 것은 전자입니다. 세상에 도움이 되면서도 나 자신에게 떳떳한 일을 할 수 있게 된다면 이보다 더 좋은 것은 없을 것입니다.

❖ 죽음에 이르는 병

세상을 살아가는 방법은 다양합니다. 자신이 의지에 따라 이기적으로도 혹은 이타적으로도 살 수 있기 때문입니다. 사실 세상은 이타적인 사람에 의해 변해왔지만 세상에는 이타적인 사람보다는 이기적인 사람이 더 많습니다. 우리 사회에서 범죄가 끊이지 않는 이유는 이 때문입니다.

모두가 그런 것은 아니지만 이기적인 사람들은 세상에 대한 불만으로 가득 차 있습니다. 아무리 노력해도 원하는 것을 이룰 수 없다는 자괴감 때문에 옳지 않은 길로 빠지게 되는 것이죠. 그렇기 때문에 양심의 목소리에 집중하기보다는 자신의 욕망에 따르는 경우가 많습니다. 그래서 저는 이런 분들에게 절망을 잘 이해할 수 있는 시간이 필요하다고 생각합니다. 키에르케고르가 쓴 '죽음에 이르는 병'은 그런 면에서 매우 좋은 교재입니다.

그가 이 책을 저술한 목적은 사람들에게 그리스도교 신앙을 권장하기 위한 것입니다. 이런 이유 때문에 죽음에 이르는 병의 부제는 '건전한 덕과 각성을 위한 한 그리스도교적 심리학적 논술'입니다. 양심의 목소리에 귀를 기울이라는 이 장의 주제와 상당부분 유사합니다.

키에르케고르가 관심을 가졌던 부분은 바로 주체적인 삶, 즉 '실존'이었습니다. 그는 스스로가 목숨을 바칠 수 있는 소중한 진리를 발견하고 이를 실천하기 위해 삶에서 끊임없이 노력해야 한다고 주장했습니다. 이 말은 우리에게 많은 것을 떠올리도록 만듭니다. 사실 우리의 삶은 그다지 주체적인 편이 못됩니다. 스스로 무언가를 만들어서 하는 것보다는 다른 사람이 시키는 일에 더 익숙하기 때문입니다.

만약 우리가 아무런 희망도 없이 단순히 생명을 유지하는 것에 삶의 목적을 둔다면 그 한순간 한순간이 살아있는 시체로서의 삶과 다르지 않습니다. 이는 돈이 많고 적음과는 전혀 상관 없는 일입니다. 하늘이 우리를 세상에 보낸 데는 다 그만한 이유가 있습니다. 다만 우리는 이 사실을 깨닫지 못하고 있지요. 키에르케고르가 주장한 부분은 바로 이것입니다. 살아 있는 채로 비참한 죽음을 기다리는 짓은 하지 말자는 것입니다. 키에르케고르는 우리가 경험하게 될 절망이 궁극적으로는 우리의 삶에 도움이 된다고 주장합니다. 그러나 절망이 삶에서 도움이 되려면 우리는 절망을 이겨내기 위해 노력해야 합니다.

"이 병에 걸릴 수 있는 가능성이 있다는 것은, 인간이 동물보다 뛰어나다는 것을 의미한다. 그러나 실제로 절망이란 최대의 불행이자 비참함일 뿐 아니라 타락인 것이다. 절망은 전적으로 변증법적이기 때문에 단한 번이라고 여기에 걸리지 않는 것 또한 최대의 불행이다. 그러나 그 병에 걸렸더라도 차유를 위해 노력하지 않는다면 그 병은 또한 가장 위험한 병이 된다"

양심의 목소리에 귀를 기울이는 것은 우리 안에 있는 절망을 극복하고 꿈을 이루기 위해 노력하는 것을 의미합니다. 지금 여러분들의 마음과 양심이 무슨 말을 하고 있는지 들어 보시기 바랍니다. 그 소리가 만약 윤리적으로 흠이 없고 자신의 발전에 도움이 되며 다른 사람에게 피해를 주지 않는 것이라면 우리가 이에 따르지 못할 이유는 어디에도 없습니다.

절망을 이겨낸 사람은 자기 자신에 대한 확신이 생깁니다. 자신의 목표와 이를 이뤄내기 위한 힘 속에 스스로를 깊이 뿌리내리기 때문입니다. 키에르케고르는 절망을 이기는 일을 '그리스도의 지복을 회복하는 것'이라 말하고 있습니다. 종교가 없는 분들을 위해서 이 말을 조금 바꿔보면 '절망을 이기는 일은 삶의 목적을 찾고 이를 이루기 위해 노력하는 굳건한 마음을 갖는 것' 입니다. 저는 이 글을 읽는 모든 분들이 절망을 이기고 삶의 목적을 찾으며 양심의 목소리에 귀를 기울이는 사람이 되셨으면 합니다. 그런 사람이 많아졌을 때 세상은 더욱 살맛나는 곳이 될 것입니다.

✧ 거짓말 vs 양심

양심의 목소리에 귀를 기울이지 않고 우리가 거짓말을 하는 이유는 무엇일까요? 사람들은 대부분 갈등과 다툼을 피하고 싶어합니다. 인간관계의 주춧돌 노릇을 하는 것은 기본적인 공감대 그리고 서로 간의 공통점입니다. 거짓말은 우리가 손쉽게 공감대를 형성 할 수 있도록 도와주는 유용한 수단입니다. 처음 관계를 맺을 땐 거의 대부분의 사람들이 차이점보다는 공통점에 집중합니다.

그런데 이렇게 술술 하는 거짓말이 진정으로 올바른 것인지에 대해서는 한번 깊이 생각해볼 필요가 있습니다. 사실 거짓말을 한 사실이 밝혀지면 그 사람에 대한 신뢰도는 자연스럽게 낮아집니다. 이렇게 무너진 신뢰는 쉽게 회복하기 어렵습니다. 관계 개선을 위해 적극적으로 노력하고 과거의 실수를 모두 만회해야 하기 때문입니다.

어떤 행동을 할 때는 반드시 그 행동이 가져오게 될 결과를 생각해야 합니다. 만약 그것이 옳지 않은 행위라면 우리는 이를 당장 중지해야 합니다. 특히 사람들과 신뢰관계를 형성해야 되는 경우에는 더더욱 그렇습니다. 올바르게 행동하기 위한 가장 이상적인 방법은 양심의 목소리에 귀를 기울이는 것입니다.

우리 주변에는 양심의 목소리에 귀를 기울일 수 없도록 하는 요소들이 많이 있습니다. 사회적인 시선, 주위의 편견, 상대적 열등감 등 헤아릴 수 없지요. 사실 양심의 목소리에 귀를 기울일 수 없는 진짜 이유는 더 잘 살고 싶다는 욕심 때문입니다.

그런데 더 잘 살기 위해서는 어떻게 해야 할까요? 저는 돈이 완전한 해답일 것이라고는 생각하지 않습니다. 돈을 더 벌기 위해 정말로 중요한 가치를 포기하는 사람들이 많기 때문입니다. 돈은 언제나 우리가 경계해야 될 대상이죠. 하지만 이 말이 물질적인 성공을 완전히 포기하라는 뜻은 아닙니다. 양심에 어긋나는 행동을 하지 않으면서 부자가 된다면 더할 나위 없이 좋겠죠. 사실 저는 모든 사람들이 이 목표를 이루기 위해 노력했으면 합니다. 목표를 이루는 가운데 서로의 꿈을 응원하고, 함께 돕는 모습을 그려 봅니다. 변호사 수임료 사건 이후 노무현 대통령이 바라보는 세상은 이랬을 것입니다. 만약 그 꿈이 좋은 것이라면 우리가 같은 목표를 가지지 않을 이유는 전혀 없습니다. 양심의 목소리를 지키며 자신을 발전시켜 나갑시다. 그것이 세상이 우리에게 주는 소중한 메시지입니다.

제 4 장   사람은 무엇으로 사는가?

제27원칙

사명의식은
사람을 바꾼다

✣ 사명은 운명을 창조한다

주변의 사람들에게 사명이 무엇이냐고 물어보면 의아한 눈으로 쳐다 보는 경우가 많습니다. 그만큼 사명은 우리의 삶에서 익숙하게 다가오는 개념이 아닙니다. 사명이라는 말 속에는 뭔가 무거운 의미가 내포되어 있는 것 같습니다. 심각한 것을 좋아하지 않는 사람들의 특성 때문인지 이 말은 우리에게 그다지 중요하게 여겨지지 않습니다.

사명을 품고 살아가는 사람은 우리와 다른 무언가가 있는 것처럼 느껴집니다. 실제로 그들은 그렇습니다. 시간을 허투로 쓰지 않고, 이루어야 할 목표를 상세하게 나누어 진행상황을 확인합니다. 주변에 있는 상황을 전략적으로 활용하는 것이죠. 물론 사명의식은 사람마다 차이가 있습니다. 세상을 올바르게 만드는데 힘을 보태야 한다는 사람도 있고, 주변 사람들에게 도움이 되는 것을 만들어야 한다고 다짐하는 이도 있습니다. 이는 전적으로 그 사람이 어떤 것을 좋아하는지의 여부에 달려있습니다.

하지만 사명감을 가진 사람들에게는 공통점이 있습니다. 이는 바로 내게 있는 능력으로 세상에 도움이 되는 일을 해야 한다는 것입니다. 그렇기 때문에 이들은 정말 열심히 살아갑니다. 세상을 사랑하고 자신을 사랑하며 또한 자신이 만든 것을 사랑합니다.

저는 세상을 사랑하지 않으면 사명의식은 생겨나지 않는다고 생각합니다. 꿈이 없는 사람들은 인생을 주어진 대로 살아갈 뿐입니다. 혹은 세상 사람들이 주입한 기준에 따르기 위해 많은 노력을 기울입니다. 이것이 옳은지 그른지에 대한 생각은 그다지 많이 하지 않습니다. 세상에 절망하여 자신을 포기하는 사람의 수도 지속적으로 증가하고 있습니다.

저는 사람들이 사명감을 갖기 위해서는 가장 먼저 스스로 사색하는 능력을 갖추어야 한다고 생각합니다. 이를 위해서 필요한 것은 교육입니다. 물론 여기서 말하는 교육은 입시 위주의 학교 혹은 학원 교육이 아닙니다. 책을 읽고 생각하며 일을 자신만의 언어로 표현하는 과정을 지속적으로 반복하는 사람은 자연스럽게 사명 의식을 가질 수 밖에 없습니다. 물론 특별한 사건을 통해 사명 의식을 갖게 되는 경우도 있습니다. 그러나 그런 요행을 기다리기에는 우리 인생의 변수가 너무나 많습니다. 저는 가급적이면 이런 교육이 가정에서부터 이루어져야 한다고 생각합니다. 인생에 대해 생각할 수 있는 것이라면 그 자료가 꼭 책이어야 할 필요는 없습니다. 생각을 한다는 사실 자체가 훨씬 더 중요하기 때문입니다. 중요한 것은 이렇게 생각해서 얻은 진리를 삶에서 실천해야 한다는 점입니다. 머리에만 있는 지식은 익히지 못한 것만 못합니다.

✤ 약자들의 변호인, 노무현 대통령

몇 십 년 전만 하더라도 변호사라는 직업은 사람들 사이에서 선망의 대상이었습니다. 일단 사법고시에 합격하면 부와 명예가 보장되었기 때문입니다. 그 당시에 가난한 사람들은 성공하기 위해 열심히 공부해 의사나 법조인이 되는 방법을 많이 선택했습니다. 열심히 노력했던 사람은 본인이 원했던 목적을 달성했습니다. 자신과 가족을 행복하게 하면서도 부와 명예를 거머쥐었기 때문입니다.

 노무현 대통령 역시도 고시공부를 하게 된 계기는 지독한 가난 때문이었습니다. 가족을 부양해야 한다는 책임감이 있었기에 공사 현장에서 일을 하면서도 공부의 끈을 놓지 않았고 결국 합격의 기쁨을 누릴 수 있었습니다. 법조인이 되고 나서 그는 가족들을 책임질 수 있다는 생각에 기뻤을 것입니다.

 그러던 그가 재야운동에 끼어들게 된 결정적인 계기는 '부림 사건'이었습니다. 부림 사건은 부산 학림 사건의 줄인 말로 1981년 9월 공안당국이 사회과학 독서모임을 하던 학생, 교사, 회사원들 22명을 영장 없이 체포해 불법으로 감금하고 고문한 뒤 기소한 사건입니다. 이들은 짧게는 20일 길게는 63일 동안 몽둥이 등에 의한 구타와 물고문, 통닭구이 고문 등을 통해 철저하게 공산주의자로 조작되었습니다. 고문을 당해 온몸이 시퍼렇게 멍든 학생들을 본 노무현 대통령은 격분했고 학생들을 위한 무료 변론에 나섰습니다. 그는 당시 상황을 이렇게 기억하고 있습니다.

 "막상 사건의 내용을 파악해 보니 이건 너무나 터무니없는 것이었다. 지금 생각하면 아무것도 아닌 책들, 예를 들어 '전환 시대의 논리', '난장이가 쏘아 올린 작은 공', '우상과 이성' 같은 책을 읽었다는 게 죄가 되었다. 돌잔치에 모인 몇 사람이 정부를 비판한 몇 마디는 정권 전복 기도로 둔갑했다. 탁구장에서 탁구 치며 한 얘기, 여름철 계곡에서 놀며

한 얘기, 두 사람이 다방에서 한 얘기까지 모두 불법 집회요 계엄 포고령 위반이 되어 있었다. 그렇게 붙잡혀 들어간 사람 중 한 젊은이를 교도소에서 접견을 하게 되었다. …… (중략) …… 집으로 연락조차 못했던 그 학생을 내가 처음 접견했을 때 그는 경찰의 치료를 받아 고문으로 인한 상처 흔적을 거의 지운 후라고 했다. 그런데도 온몸과 다리에는 시퍼런 멍자국이 남아 있었다. 얼마나 고문을 당하고 충격을 받았는지 처음엔 변호사인 나조차 믿으려 하질 않았다."

이 사건은 원래 국가보안법 위반 사건으로 남아있었으나 2009년 8월에 피해자들에 대해 집회 및 시위에 관련 법률 위반 혐의는 면소판결을, 계엄법 위반 혐의에 대해서는 무죄 판결이 내려졌습니다. 또한 2014년 2월 13일에는 국가보안법 위반에 대해서도 무죄가 선고되었죠. 이 사건은 이후 송강호가 주연한 영화 '변호인'으로 다시 제작되기도 했습니다. 영화는 천만 명이 넘는 관객을 모집하며 대성공을 거둡니다. 올바른 일에 목숨을 거는 사람에 대한 대중의 열망이 반영된 결과라고 생각합니다.

노무현 대통령은 이 일을 통해 정의롭지 않은 사회에 대해 깊이 생각해 보게 되었을 것입니다. 온갖 편법이 난무하고 이를 통해 자신의 이익을 챙기는 사람들로부터 국민을 지켜야겠다는 생각도 머릿속에 자리 잡았을 것입니다. 노무현 대통령의 사명은 '약자를 보호하고 세상의 모든 사람들이 행복하게 살 수 있는 세상을 만드는 것'이었습니다.

지금 이 글을 읽고 있는 여러분들의 사명은 무엇인가요? 저는 그것이 꼭 거창해야 할 필요는 없다고 생각합니다. 저는 우리가 어떤 방식으로든 세상에 도움이 되어야 한다고 생각합니다. 만약에 내가 좋아하는 일을 하면서 세상에 도움을 줄 수 있다면 그것보다 좋은 일은 없을 것입니다. 그러나 자신의 꿈을 이루기 위해 고통을 감내 해야 되는 경우도 있습니다. 노무현 대통령은 후자였습니다. 자신이 누릴 수 있는 부와 권력을 모두 포기하고 사람들을 위해 도움의 손길을 내밀었기 때문입니다. 물론 제가 여러분들께 희생을 강요 할 권리는 없습니다. 다만 제가 이 글을 읽는 여러분들께 바라는 것은 스스로의 능력을 어떻게 하면 사회에 환원할 수 있을지 고민하는 일입니다. 역사를 움직이는 것은 위대한 인물이 아니라 역사를 살고 있는 사람들 모두입니다. 우리의 노력에 의해 역사가 바꿀 수 있다면 기왕이면 긍정적으로 바뀌는 것이 좋지 않을까요?

❖ 농부의 영혼을 가진 사람

우루과이의 호세 무히카 대통령은 세계에서 가장 검소한 대통령 중 하나로 뽑히는 사람입니다. 2010년 취임 당시에 신고한 재산은 약 1800달러, 우리 돈으로 195만원 정도입니다. 이런 이유 때문에 그는 흔히 세계에서 가장 가난한 대통령으로 불립니다.

이런 명성에 걸맞게 그는 재임기간 중 대통령의 월급인 1만2천 달러 (약 1천300만원)의 90%를 사회에 환원하며 나눔의 미덕을 실천했습니다. 그의 27년 된 폭스바겐 비틀은 우루과이에서 매우 유명한 차입니다. 대통령 선거 1차 투표 때도 부인과 함께 이 차를 타고 투표소에 등장해

주민들로부터 큰 환영을 받았죠. 그의 이런 모습은 국민들로부터 큰 사랑을 받았습니다. 퇴임 당시 얻은 80%의 지지율은 이를 증명하는 지표입니다. 그의 이런 모습은 2013년 1월 6일 SBS 스페셜 '리더의 조건'을 통해 국내에 소개되기도 했습니다.

이런 그에게 감명을 받았는지 한 아랍 부호는 그에게 27년 된 비틀을 100만 달러에 사겠다는 의향을 밝히기도 했습니다. 그러나 그는 "(내가 타는) 비틀에 큰 관심을 두지 않기 바란다"면서 "모든 자동차에는 가격이 붙어 있지만, 삶에는 가격이 없다"고 말하며 부호의 제안을 거절했습니다.

그의 이런 말은 물질만능주의로 대변되는 현대사회에서 우리가 깊이 생각해 보아야 할 문제입니다. 사실 그의 말대로 삶에는 가격이 없습니다. 그러나 우리는 알게 모르게 세속적인 기준으로 다른 사람의 가치를 평가합니다. 정작 소중하게 생각해야 할 사랑, 희망, 나눔 등의 가치는 철저하게 무시되고 있습니다. 그는 언론과의 인터뷰를 통해 다음과 같은 말을 남겼습니다.

"나는 농부의 영혼을 가진 사람입니다. 이 땅에 사는 우리는 단 한 번의 삶을 누릴 수 있으며, 다른 사람이 잘 살 수 있도록 노력할 의무가 있습니다."

농부에게 가장 필요한 가치는 인내와 끈기입니다. 추수를 하기 위해 농부는 일 년 동안 기다려야 합니다. 또한 자신보다는 기르는 농작물을 생각하는 희생정신을 보여야 합니다. 이런 농부의 노력이 일년이 지나 결실을 맺게 되는 것이죠. 그가 자신의 삶을 농부에 비유한 이유는 농부의 삶이 우리가 추구해야 할 방향과 많은 부분 일치하기 때문입니다. 현대사회는 이익과 효율이 최우선시 되는 사회입니다. 이런 사회에서 그와 같이 사람들을 생각하는 마음이 없다면 우리가 정말 지켜야 할 소중한 가치는 상대적으로 무시될 가능성이 높습니다. 우리는 이런 사회가 정말 옳은 것인지 진지하게 생각해 보아야 합니다.

✥ 모두에게 도움이 되는 일을 하라

사람들은 항상 각자의 일에 몰두하며 원하는 것을 이루기 위해 동분서주합니다. 물론 성공 요인은 일을 하는 사람의 열망과 이에 따르는 전략의 치밀성이죠. 그러나 생각해보면 우리가 항상 옳은 일을 하고 있는지 의문이 들 때가 많습니다. 우리는 어디로 가고 있는 것일까요?

옳다고 생각하는 일에 대한 기준은 사람마다 다릅니다. 돈을 많이 버는 것, 지식을 많이 쌓는 것 또는 사회적으로 높은 지위에 올라가는 것 등 제각각이기 때문입니다. 대개 사람들이 옳다고 생각하는 일은 대개 힘이 주는 추악한 속성을 반영합니다. 그렇다면 어떤 일이 옳은 것일까요?

먼저 우리는 일을 하면서 행복감을 느껴야 합니다. 내가 즐겁지 않은 일을 하면서 이게 옳다고 말하기란 불가능합니다. 개인이 보람을 느끼고 행복한 일이라면 아마 좋은 일의 기준에 포함되지 않을까 생각합니다. 안타깝게도 살면서 이런 일을 만나기란 쉽지 않습니다. 그렇기 때문에 우리는 새로운 것을 시도하며 자신의 적성을 발견하는데 많은 노력을 기울여야 하죠.

그러나 내가 즐겁다고 해서 이게 항상 옳은 일이 되는 것은 아닙니다. 사실 마약은 매우 즐거운 일이지만 이를 진정으로 즐겁다고 할 수는 없습니다. 내가 하는 일로 인해 다른 사람들이 슬퍼한다면 그것 또한 옳은 일이 아닙니다. 저는 모두가 즐거움을 누릴 수 있는 일이어야만 좋은 일에 해당된다고 생각합니다.

마지막으로 말하고 싶은 기준은 내가 하는 일이 사회에 보탬이 되어야 한다는 점입니다. 우리가 사명을 갖고 하는 일이라면 이 일은 반드시 다른 사람들에게 좋은 영향을 미치고 이로 인해 개인이 투자한 에너지가 긍정적으로 활용되는데 도움이 되어야 합니다. 이를 위해 우리는 어떤 것을 선택하고 이루어야 하는지에 대한 문제를 지속적으로 제기할 필요가 있습니다. 세상이 우리에게 요구하는 것은 끊임없이 변하고 있으니까요.

일을 할 때는 항상 내가 하는 일을 접하는 사람들에게 좋은 것을 제공해 줄 수 있는지를 항상 떠올려야 합니다. 가족, 고객에 상관없이 모든 서비스와 제품은 사랑에 기반을 두고 만들어야 하며 학생에게는 좋은 지식과 이를 판단할 수 있는 능력을 주어야 하죠. 이런 조건은 우리가 사명감을 가질 때 쉽게 나타납니다. 작게는 주변에 도움을 주기 위해 나타나지만 범위가 넓어지면 국가와 민족을 위한 사명감을 가지는 경우도 있죠. 좋은 일은 한 사람에게만 좋다고 해서 그 가치를 인정받는 것이 아닙니다. 사회적인 기준을 충족하고 개인의 발전을 위해 필요한 일을 꾸준히 하며 모든 사람들에게(가능한 한 많은 사람들에게) 인정받을 수 있도록 자신을 끊임없이 갈고 닦아야 합니다. 지금 당신의 사명은 무엇입니까? 그 일을 통해 주변 사람들의 인생이 바뀌고 있습니까? 개인의 만족이 아니라 내가 만나는 모든 사람들이 행복하게 살기 위해 필요한 일에 몰입해 보시기 바랍니다. 그 일이 크던 작던 우리의 인생은 긍정적인 방향으로 반드시 바뀔 것입니다.

에필로그

일상생활에서
일어나는 작은 역사

　노무현 대통령이 서거 한 뒤 7일 동안 전국에서 그를 기리기 위해 500만명 이상의 조문객이 모였습니다. 국내 각지에서 자발적으로 분향소가 차려졌습니다. 서거 당일인 23일에는 봉하마을에 천명이 넘는 자원봉사자가 몰렸고 시민들은 그의 영정을 보기 위해 4km 이상이나 되는 줄을 기다리는 일에 주저함이 없었습니다. 아마 노무현 대통령은 세상을 떠날 때만큼은 외롭지 않았을 것입니다.

　이토록 많은 사람들이 그의 죽음에 슬퍼했던 이유는 무엇이었을까요? 사실 노무현 대통령은 재임시절 대단히 인기 없는 지도자였습니다. 그렇지만 그는 항상 사회적 약자를 위해 자신의 소신을 펼쳤고 그들이 더 잘 살기 위해 필요한 것들을 마련하는데 자신의 인생을 바쳤습니다. 국민들의 아픔은 여기서부터 시작됩니다. 이러한 그의 노력을 이제서야 알게 되었기 때문입니다. 그의 죽음을 슬퍼하는 사람들의 마음에는 지난날에 대한 회한과 올바른 사람을 일찍 보냈다는 안타까움이 섞여 있습니다.

사람들이 떠올리는 노무현 대통령의 이미지는 '인간다움', '원칙', '용기' 등 지극히 평범한 것입니다. 사실 이 책에 기록된 원칙은 누구나 한 번쯤은 들어 봄직한 것들입니다. 그럼에도 불구하고 이들이 소중한 가치가 된 이유는 책에서 언급한 원칙을 세상에서 지키기가 그만큼 어려워졌기 때문입니다. 주변을 조금만 살펴보면 정도보다는 편법을 좋아하는 사람들이 많습니다. 사람들은 모두 빠른 길로 가고 싶어하는 반면에 힘들고 어려운 과정은 멀리하는 경향이 있습니다.

지금 여러분들의 역사는 어떻게 흘러가고 있습니까? 만약 그것이 사람들에게 들려줄만한 가치가 있는 것이라면 적어도 여러분들의 인생은 헛되지 않았다고 말할 수 있습니다. 하지만 그것이 아니라면 우리는 모두 반성해야 합니다. 우리는 자신의 역사를 부끄럽지 않게 만들어야 합니다.

영국에서 가장 존경 받는 정치인인 윈스턴 처칠은 자신의 역사를 '제2차 세계대전 회고록'이라는 글로 남긴 뒤 노벨 문학상을 수상했습니다. 우리가 비록 그처럼 자신의 역사를 노벨상을 받을 만큼 멋지게 만들지는 못하더라도, 지금보다 더 나은 사람이 되기 위해 끊임없이 실시하는 노력만큼은 반드시 남아 누군가에게 전해질 것입니다. 이 책의 주인공인 노무현 대통령이 대표적인 사례입니다. 비록 그는 이곳에 없지만 그의 사상과 의지를 이어받은 사람들이 세상을 조금이라도 더 아름다운 곳으로 바꾸기 위해 노력하고 있습니다. 만약 우리가 이에 조금만 더 힘을 보탠다면 세상은 더 살기 좋은 곳으로 바뀔 것입니다. 그것이 꼭 사회비판적인 냉소주의여야만 하는 것은 아닙니다. 사람들의 마음을 따뜻하게 만들 수 있는 아주 작은 것이라도 좋습니다. 아마 노무현 대통령이 우리에게 바랬던 것은 큰 변화가 아니라 이처럼 일상생활에서 일어나는 작은 사랑이었을 것이라는 생각이 듭니다. 이 책을 읽는 분들이 이 사실을 깨닫게 된다면 저자인 제게는 큰 기쁨이 될 것입니다.

인간
노무현의 27원칙
: 자신과 주변의 삶을 긍정적으로 바꾸는 사람사는 세상 만들기

1판 1쇄 발행 2015년 5월 15일
편저 정의석　**펴낸곳** 북씽크　**펴낸이** 강나루
주 소 서울시 성동구 행당동 192-29 성동샤르망 1019호　**전 화** 070-7808-5465
등록번호 제206-86-53244
ISBN 978-89-97827-67-1　**이메일** bookthink2@naver.com
Copyright ⓒ 2015 정의석

＊잘못된 책은 구입처에서 교환해 드립니다